Klaus Huhn

Einmarsch der Verbrecher

Wie die Kriminalität den Osten eroberte

Ein Neufünfland-Pitaval

Mit einem Vorwort von Friedrich Schiller

Den Beitrag „Märkischer Sanc
schrieb Harry Czepuck

edition ost

INHALT

Organisiertes Verbrechen
Die große Kriminalität im Land
Wird gerne *die Regierung* auch genannt.
PETER HACKS

VORAB

Als die DDR unterging, wurden auch „Krimis" am Laufband gedruckt, die angeblich im „Leseland" verschwiegene Verbrechen enthüllten. Die Palette reichte vom vorsätzlich nicht aufgeklärten Tod eines Ministers bis zum misslungenen „Attentat" auf Honecker. So wurde der „Unrechtstaat" auch gleich noch zum „Krimistaat".
Dies fiel auf, weil Krimis eher selten als politisches „Billig-Werkzeug" benutzt werden, wenn auch Mord und Totschlag schon zur Literatur gehörten, als die Buchdruckerei noch gar nicht erfunden war. Selbst die Bibel kam nicht ohne Geschichten aus, die von Übeltätern und deren göttlicher Verfolgung handelte.
Ein überzeugender Beweis für das frühzeitige literarische Ansehen von Krimis dürfte auch das Vorhaben des Franzosen François Gayot de Pitaval gewesen sein. Als der vor über 200 Jahren auf die Idee kam, die von ihm in Gerichtssälen notierten Fälle persönlicher Gewalttaten und sonstigen kriminellen Tuns als Buch herauszugeben, gewann der Verleger immerhin Friedrich Schiller für das Vorwort. Der assoziierte die damalige Rolle der Kriminalliteratur mit bemerkenswerten sozialen Aspekten:

Unter derjenigen Klasse von Schriften, welche eigentlich dazu bestimmt ist, durch die Lesegesellschaften ihren Zirkel zu machen, finden sich, wie man allgemein klagt, so gar wenige, bei denen sich entweder der Kopf oder das Herz der Leser gebessert fände. Das immer allgemeiner werdende Bedürfnis zu lesen, auch bei denjenigen Volksklassen, zu deren Geistesbildung von Seiten des Staates so wenig zu geschehen pflegt, anstatt von guten Schriftstellern zu edlern Zwecken benutzt zu werden, wird vielmehr noch immer von mittelmäßigen Skribenten und gewinnsüchtigen Verlegern dazu gemissbraucht, ihre schlechte Ware, wär's auch auf Unkosten aller Volkskultur und Sittlichkeit, in Umlauf zu bringen. Noch immer sind es geistlose, geschmack- und sittenverderbende Romane, dramatisierte Geschichten, sogenannte Schriften für Damen und dergleichen, welche den besten Schatz der Lesebibliotheken ausmachen und den kleinen Rest gesunder Grundsätze, den unsre Theaterdichter noch verschonten, vollends zugrunde richten. Wenn man den Ursachen nachgeht, welche den Geschmack an diesen Geburten der Mittelmäßigkeit unterhalten, so findet man ihn in dem allgemeinen Hang der Menschen zu leidenschaftlichen und verwickelten Situationen gegründet, Eigenschaften, woran es oft den schlechtesten Produkten am wenigsten fehlt. Aber derselbe Hang, der das Schädliche in Schutz nimmt, warum sollte man ihn nicht für einen rühmlichen Zweck nutzen können? Kein geringerer Gewinn wäre es für die Wahrheit, wenn bessere Schriftsteller sich herablassen möchten, den schlechten die Kunstgriffe abzusehen, wodurch sie sich den Leser erwerben, und zum Vorteil der guten Sache davon Gebrauch zu machen.

Bis dieses allgemeiner in Ausübung gebracht oder bis unser Publikum kultiviert genug sein wird, um das Wahre, Schöne und Gute ohne fremden Zusatz für sich selbst liebzugewinnen, ist es an einem unterhaltenden Buch schon Verdienst genug, wenn es seinen Zweck ohne die schädlichen Folgen erreicht, womit man bei den mehresten Schriften dieser Gattung das geringe Maß der Unterhaltung, die sie gewähren, erkaufen muss. Es verdrängt wenigstens, so lang es gelesen wird, ein schlimmeres, und enthält es dann irgend noch einige Realität für den Verstand, streut es den Samen nützlicher Kenntnisse aus, dient es dazu, das Nachdenken des Lesers auf würdige Zwecke zu richten; so kann ihm, unter der Gattung, wozu es gehört, der Wert nicht abgesprochen werden.

Von dieser Art ist das gegenwärtige Werk, für dessen Brauchbarkeit ich veranlasst worden bin, ein öffentliches Zeugnis abzulegen, und ich glaube keine andern Gründe nötig zu haben, um die Herausgabe desselben zu rechtfertigen. Man findet in demselben eine Auswahl gerichtlicher Fälle, welche sich an Interesse der Handlung, an künstlicher Verwicklung und Mannigfaltigkeit der Gegenstände bis zum Roman erheben und dabei noch den Vorzug der historischen Wahrheit voraus haben. Man erblickt hier den Menschen in den verwickeltsten Lagen, welche die ganze Erwartung spannen, und deren Auflösung der Divinationsgabe des Lesers eine angenehme Beschäftigung gibt. Das geheime Spiel der Leidenschaft entfaltet sich hier vor unsern Augen, und über die verborgenen Gänge der Intrige, über die Machinationen des geistlichen sowohl als weltlichen Betruges wird mancher Strahl der Wahrheit verbreitet. Triebfedern, welche sich im gewöhnlichen Leben dem Auge des Beobachters verstecken, treten bei solchen Anlässen, wo Leben, Freiheit und Eigentum auf dem Spiele steht, sichtbarer hervor, und so ist der Kriminalrichter imstande, tiefere Blikke in das Menschenherz zu tun. Dazu kommt, dass der umständlichere Rechtsgang die geheimen Bewegursachen menschlicher Handlungen weit mehr ins klare zu bringen fähig ist, als es sonst geschieht, und wenn die vollständigste Geschichtserzählung uns über die letzten Gründe einer Begebenheit, über die wahren Motive der handelnden Spieler oft genug unbefriedigt läßt, so enthüllt uns oft ein Kriminalprozess das Innerste der Gedanken und bringt das versteckteste Gewebe der Bosheit an den Tag. ...

Jena in der Ostermesse 1792

F. Schiller

Man mag sich manche Gedanken machen, was Schiller uns aus der zeitlichen Ferne hatte sagen wollen – und konnte! –, wenn wir Gerichtsprozesse der Gegenwart verfolgen.
Der Autor des vorliegenden Buches mühte sich, mancher noch heute gültiger Empfehlung Schillers zu folgen, auch wenn er vor allem zu beschreiben hatte, was sich seit dem Mauerfall vor den Gerichten Neufünflands – wie man das DDR-Land heute geographisch zu umschreiben pflegt – zugetragen hat, denn der Mauerfall bescherte nicht nur neue Gesetze, sondern vor allem manch neues Delikt. Gemordet wurde immer und überall, aber manch andere Untat wandelte sich – auch seit 1990 in Neufünfland. Unmissverständlicher formuliert: Auch manchen, dem die Mauer den Weg versperrt hatte, trieb es auf den nun freien Wegen zum kriminellen Tun. Über-Nacht-Arbeitslosigkeit ließ Frust quellen und das führte leider auch zu Rücksichtslosigkeit gegenüber dem Gestern-noch-Kollegen bis hin zu Mord und Betrug. Niemand leugnet das, und die folgenden Schilderungen sind bitteres Zeugnis dafür.
Das zeugte auch rabiate Gedanken und böswillige Gesinnungen, zuweilen sogar aus brauner Vergangenheit, die in Neufünfland über Nacht Anhänger fanden. Das gewohnte Leben war für viele derart aus den Fugen geraten, dass sie für Taten erreichbar waren, die aus jener Vergangenheit stammten.
Hinzu kamen die, die entdeckt zu haben glaubten, dass Reichtum gefälligeres Leben beschert, und – da ihnen Reichtum anders nicht erreichbar war –, versuchten, auf kriminellen Pfaden Reichtum zu erstehlen. Dabei kam ihnen entgegenkam, dass die „Ureinwohner“ Umgang mit Betrügern nicht sonderlich geübt waren und oft zu leichten Opfern wurden. (Auch ein Beweis dafür, dass sie aus keinem „Unrechtsstaat“ kamen.)

So galt: Wer den Mauerfall zu Recht feierte, durfte dessen „Nebenwirkungen“ nicht ignorieren! Und schon bald war Solidarität gefragt, für die Opfer dieser Folgen, damit sie weder unter Brücken schlafen mussten, noch in Obdachlosenasylen für alle Zeiten in Suppenschlangen verbannt wurden.

Pitaval war mit der Schreibfeder durch die Gerichtssäle seiner Zeit gezogen, Schiller sah „Triebfedern, welche sich im gewöhnlichen Leben dem Auge des Beobachters verstecken“, ich notierte, was sich nicht nur in den Autoläden verändert hatte.

TOD IM FEUER

Am 17. Februar 1600 war auf dem römischem Campo de' Fiori der berühmte italienische Gelehrte Giordano Bruno im Alter von 52 Jahren bestialisch verbrannt worden. Er hatte sich – seinen wissenschaftlichen Erkenntnissen folgend – gegen päpstliche Dogmen über die Strukturen des Weltalls gewandt und war dafür nach siebenjährigem Folter-Prozess zum Tode verurteilt worden. Um zu verhindern, dass er sich vom Scheiterhaufen sterbend an herumstehendes Volk wenden würde, hatte der Henker Order erhalten, seine Zunge zu durchstechen und zu verschnüren.

400 Jahre später wurde er vom Vatikan rehabilitiert. Man bedauerte ...

Wenn hier erwähnt wird, dass 405 Jahre nach Brunos grausamem Tod in einer Dessauer Gefängniszelle der mit Ketten an Armen und Beinen gefesselte Afrikaner Oury Jalloh verbrannte, scheint auf den ersten Blick kein Zusammenhang zwischen den beiden zu Tode Gekommenen erkennbar, außer, dass sie in Flammen starben.

Bruno war schon zu Leb- und Haftzeiten eine Berühmtheit, Jalloh ein „nobody", Tausende Kilometer entfernt vom westafrikanischen Sierra Leone, wo er geboren worden und als junger Mann vor blutigem Bürgerkrieg nach Deutschland geflohen war. Dort hatte man ihn mit „eingeschränkten Bürgerrechten" in Dessau angesiedelt.

Bei jenen „eingeschränkten Bürgerrechten" ergaben sich erste Parallelen zwischen Jalloh und Bruno. Die vier Jahrhunderte, die sie von der Geburt her trennten, machten den Unterschied zwischen den römischen Inquisitoren und den Dessauer Polizisten aus.

Die Dessauer Polizei hatte zwar sehr lange untersucht, wer Jalloh in den Tod getrieben hatte, aber keinen Schul-

digen gefunden. Bei Bruno hatte der Henker vorsätzlich und vom Gesetz beauftragt gehandelt.
Dass man die Schuldigen an Jallohs Tod nie fand, hat viele Gründe, von denen einige vielleicht sogar an Schillers Feststellung erinnern, dass selbst die „vollständigste Geschichtserzählung uns über die letzten Gründe einer Begebenheit, über die wahren Motive der handelnden Spieler oft genug unbefriedigt lässt."
Und: Vieles ließ darauf schließen, dass Jalloh in einem Staat ums Leben gekommen war, der kaum Anspruch darauf erheben kann, ein „Rechtsstaat" zu sein! Die letzten Worte des Richters sind ein in dieser Hinsicht vernichtendes Urteil.
Zur Sache: Oury Jalloh war in den Mittagsstunden des 7. Januar 2005 im Dessauer Polizeirevier in der Wolfgangstraße durch Flammen ums Leben gekommen.
Zuvor war folgendes geschehen: Gegen acht Uhr morgens hatte die bei der Dessauer Stadtreinigung tätige Karin Koch (Name geändert) der Polizei über Notruf 110 mitgeteilt, dass sie und einige Kolleginnen von einem Afrikaner – das war Jalloh – belästigt worden seien. Spätere Aussagen ergaben übereinstimmend, dass Jalloh ihnen gegenüber versichert hatte, sein Handy funktioniere nicht, weshalb er sie gebeten hatte, ihnen ihr Handy für einen Anruf zu leihen. Da er sie mehrmals damit behelligte, hatten sie schließlich nach der Polizei gerufen. Die erschien umgehend. Die Polizisten versicherten hinterher, dass sie Jalloh mitgenommen hätten, weil er sich geweigert hätte, Papiere vorzuweisen, die seine Identität hätten klären lassen. Jalloh sei – so spätere Aussagen – „stark angetrunken" gewesen und habe sich gegen seine Inhaftnahme gewehrt. Auf dem Revier, zu dem man ihn fuhr, holte er seine Aufenthaltserlaubnis aus der hinteren Hosentasche, sodass sich seine Identität mühelos klären ließ. Der von der Polizei gerufene Arzt Jens Peter (Name

geändert) soll danach beauftragt worden sein, eine Blutprobe Jallohs untersuchen zu lassen. Ob der Arzt dabei eine Blutalkoholprüfung vornahm, konnte nie geklärt werden, so dass auch in den Akten nie ein in dieser Hinsicht Aufschluss liefernder Wert auftauchte. So blieb auch offen, ob seine „Ingewahrsamnahme" – so die offizielle Bezeichnung – juristisch überhaupt zu rechtfertigen gewesen war. Übrig blieb nur die Feststellung des Mediziners, Jalloh sei „gewahrsamstauglich". Das führte dazu, dass er in eine „Gewahrsamszelle" gesperrt wurde, ohne dass irgendeine durch den Rechtsstaat vorgeschriebene Instanz diese Entscheidung legalisiert hatte.
Die Beamten durchsuchten Jallohs Kleidung und als der sich der Prozedur widersetzte, entschieden sie willkürlich, ihn in der Zelle zu „fixieren". Das ist der sehr harmlos klingende Begriff dafür, ihm stählerne Fesseln anzulegen – wobei man Methoden aus der Zeit Brunos anwandte –, ihn zwang, sich auf die Bodenmatte der bis zur Decke gefliesten Zelle zu legen und seine Fesselketten dann an die in den Wänden eingelassenen stählernen Ringe schloss. Nach dieser Prozedur soll entschieden worden sein, dass die Zelle, in die man ihn gesperrt hatte, alle halbe Stunde kontrolliert werden sollte.
Zum letzten Mal soll das nach den aufgefundenen Aufzeichnungen gegen 11.45 Uhr geschehen sein. Bei dieser Kontrolle wurden keine „Auffälligkeiten" notiert.
Festgestellt werden müsste einmal mehr: Oury Jalloh hatte bis dahin gegen kein Gesetz verstoßen, war von niemandem dessen beschuldigt worden und bei späteren Vernehmungen jener Zeuginnen, die die Polizei am Morgen gerufen hatten, bestätigten die, dass Jalloh keine von ihnen auch nur berührt hatte.
Die Gewahrsamszelle, in der man ihn angekettet hatte, war durch eine Sprechanlage mit den Büros der diensthabenden Beamten, Helmut Balz (Name geändert) und

Barbara Kühn (Name geändert), im ersten Obergeschoss des Reviers verbunden. Da in der Zelle ein extrem sensibles Mikrofon installiert war, drang jeder Laut in die „Zentrale".

Es konnte auch im Prozess nicht geklärt werden, wie und wann und durch welche Umstände Feuer in der Zelle ausgebrochen war. Fach-Gutachter kamen bei Rekonstruktionen zu dem Schluss, der Brand müsse gegen 12.00 Uhr entstanden sein und danach habe Jalloh sofort mit voller Lautstärke um Hilfe gerufen.

Polizisten des Reviers beschrieben einen andern Sachverhalt: Jalloh habe die Matte, auf der man ihn angekettet hatte, aufgerissen und den leicht brennbaren Inhalt mit einem Feuerzeug in Brand gesetzt. Unklar blieb bei dieser Behauptung, woher er das Feuerzeug gehabt haben könnte. Übereinstimmende Aussagen bestätigten, dass der Dienstgruppenleiter, Polizeihauptkommissar Helmut Balz, die Gegensprechanlage leise gestellt hatte, weil ihn die Hilferufe Jallohs beim Telefonieren „gestört" hätten.

Danach müssen sich die Ereignisse in dem Revier überstürzt haben. Allerdings nicht in einem Maße, dass erfahrene Polizisten sie nicht hätten unter Kontrolle bringen können.

Barbara Kühn und Helmut Balz bezeugten, kurz nach zwölf Uhr durch den Lautsprecher der Gegensprechanlage ein „Plätschern" aus der Jalloh-Zelle gehört zu haben. Danach schlug der Rauchmelder an, den Helmut Balz zuvor abgeschaltet hatte. Die später protokollierte „Begründung" für diesen Schritt: Der Melder hätte öfter Fehlalarm ausgelöst. Dem stand jedoch die Feststellung gegenüber, dass die Anlage im September 2004 überholt und danach kein Fehlalarm mehr gemeldet worden war. Der Rauchmelder signalisierte danach ein zweites Mal Feueralarm. Helmut Balz soll ihn erneut abgeschaltet, Barbara Kühn ihn wieder in Betrieb gesetzt haben.

Auch der zusätzlich im Lüftungsschacht installierte Rauchmelder schlug an.
Um 12.11 Uhr soll ein Beamter in den da schon völlig verqualmten Keller vorgedrungen sein. Ein Lebenszeichen von Jalloh nahm er nicht mehr wahr. Um 12.35 Uhr drang die Feuerwehr zur inzwischen verkohlten Leiche vor. Geklärt werden konnte nicht einmal, wann wer die Feuerwehr alarmiert hatte.
Soviel zu der lückenhaften Darstellung der knapp fünf Stunden zwischen dem Anruf der Straßenreinigerinnen und dem Feuertod des Oury Jalloh, der in seiner Bestialität durchaus an mittelalterliche Scheiterhaufenmorde erinnerte.
2007 hatte die Antirassistische Initiative e.V. eine Untersuchung in Auftrag gegeben, die der von der Rosa-Luxemburg-Stiftung unterstützte Claus Werner am 20. Mai 2007 abgeliefert hatte und der sich entnehmen ließ: „Kurz nach der Meldung vom Tod Oury Jallohs schlossen sich Freunde und Betroffene in Dessau zu einer Initiative zusammen, mit dem Ziel der unabhängigen Aufklärung und der Verurteilung der verantwortlichen Polizisten. Unter dem Motto „In Gedenken an Oury Jalloh – Gegen staatlichen Rassismus und diskriminierende Polizeipraktiken“ organisierten sie am 22. Januar 2005 eine erste Demonstration in Dessau mit etwa 150 Personen. Bald darauf schlossen sich auch Berliner Gruppen dem Projekt an. Es entstanden zwei eng miteinander arbeitende Initiativen. Einerseits die Initiative in Gedenken an Oury Jalloh in Dessau, bestehend aus dem FreundInnenkreis um Mouctar Bah, einem Freund und Vertrauten Oury Jallohs, und die Initiative gleichen Namens in Berlin. Das Berliner Bündnis bestand aus der Antirassistischen Initiative e.V. (ARI), der Flüchtlingsinitiative Brandenburg (FIB), Für eine linke Strömung (FELS), Plataforma der MigrantInnen und Flüchtlinge, The Voice

Refugee Forum, dem Karawane Network Germany und Einzelpersonen. Aufgrund des Engagements der Dessauer Initiative, maßgeblich von Mouctar Bah, kam ein Kontakt mit Mariama Djombo D., der Mutter von Oury Jalloh, zustande. Dies ermöglichte, dass neben der Staatsanwaltschaft im März auch eine Nebenklage, zuerst Frau Mariama Djombo D., vertreten durch die Rechtsanwältin Regina Götz, auftrat, der sich im September Rechtsanwalt Ulrich von Klinggräff als Vertreter von Herrn Boubacar D., dem Vater Oury Jallohs, anschloss. Die von Frau Götz beantragte zusätzliche Röntgenuntersuchung der Leiche wurde von der Staatsanwaltschaft Dessau abgelehnt, jedoch gelang es der Berliner Initiative, eine zweite Obduktion zu finanzieren. Frau Götz hielt das für unumgänglich, da die Vernehmungsprotokolle „Handgreiflichkeiten" zwischen Polizei und dem Gefangenem verzeichneten, und die „Mitteldeutsche Zeitung" über gebrochene Handgelenke berichtet hatte. Bei der am 4. April 2005 in Frankfurt a. M. durchgeführten Untersuchung stellten die Ärzte bei Jalloh einen Bruch des Nasenbeins, zerstörte Trommelfelle und Einbrüche an den Siebbeinplatten der Nase fest. ... Der Zustand der inneren Organe war von Belang, weil im November 2002 in der selben Zelle und unter dem selben Dienstgruppenleiter und dem gleichen Arzt ein anderer Gefangener, der Obdachlose Mario Bichtemann, verstorben war. Laut Polizeibericht war dieser Häftling inneren Verletzungen erlegen, die er schon vor der Festnahme erlitten haben soll. Die Umstände blieben weitgehend ungeklärt, da die Ermittlungen eingestellt wurden. ...

Am 2. Juli 2005 organisierte die Dessauer Initiative ein interkulturelles Fußballturnier „african kick", dessen Erlös der Familie Oury Jallohs zukam. Für dieses Fußballturnier, das im Folgejahr wiederholt wurde, erhielt Mouctar Bah den Preis des „Bündnis für Demokratie

und Toleranz". Die Dessauer Flüchtlingsinitiative sah darin auch eine Anerkennung ihres Einsatzes für die Aufklärung von Oury Jallohs Tod.
In seinem Gutachten hatte Werner auch die Zeitabstände überprüft, die vergangen waren, ehe der Prozess gegen die verantwortlichen Polizisten in die Wege geleitet wurde:
„Am 17. Oktober 2005 wies das Landgericht Dessau die Akten zurück an die Staatsanwaltschaft und forderte ergänzende Beweiserhebungen, deren Ergebnis für eine Entscheidung über die Eröffnung des Hauptverfahrens für erforderlich erachtet wurde. Insbesondere sollen zu technischen und zeitlichen Details des Brandverlaufs durch die Staatsanwaltschaft Dessau Nachermittlungen durchgeführt werden: Hätte der verantwortliche Polizeibeamte bei korrektem Verhalten genug Zeit gehabt, das Leben Oury Jallohs zu retten?
Noch am ersten Jahrestag des Todes, an dem in Dessau eine Mahnwache begangen wurde, war nicht klar, ob es zu einem Prozess kommen würde, obwohl vier Tage vorher die vom WDR produzierte Dokumentation ‚Tod in der Zelle – Warum starb Oury Jalloh?' den Fall wieder in die Öffentlichkeit rückte. Der Film wurde am 9. Dezember 2006 mit dem Deutschen Menschenrechts-Filmpreis 2006 ausgezeichnet.
Im Februar wurde Mouctar Bah die Lizenz für sein Telecafé ‚aus öffentlichem Interesse' entzogen. Vor dem Hintergrund des langen Stillstandes von offizieller Seite und der Tatsache, dass immer noch kein Prozess eröffnet wurde, sah die Initiative in dieser Entscheidung der Behörden eine Verfolgung Mouctar Bahs wegen seines Engagements.
Da ein Prozessbeginn weiterhin nicht abzusehen war, verurteilten die Anwältinnen Ende März in einer Stellungnahme die Verschleppung des Falles und die noch

immer nicht entschiedene Zulassung ihrer Nebenklagen. Auch auf einer Demonstration in Dessau am 1. April 2006 unter dem Motto ‚Break the Silence!‘ (Brecht das Schweigen!) Gegen rassistische Staatsgewalt, Vertuschung und Straflosigkeit‘ forderten 1.000 Menschen eine schnelle Eröffnung eines öffentlichen Prozesses und die Aufklärung der Todesumstände. Die Auflage, das Wort ‚Mord‘ auf der Demonstration nicht zu benutzen, wurde dabei aufgrund einer Beschwerde seitens der Veranstalterinnen der Demonstration vom Oberverwaltungsgericht Sachsen-Anhalts zurückgewiesen.
Mitte Juli 2006 gab die Staatsanwaltschaft in einer Presseerklärung bekannt, das vom Gericht geforderte ergänzende Brandsachverständigengutachten sei erstellt worden und untermauere die Anklage. Den Anwältinnen der Nebenklage war weder der Termin der Nachstellung des Tathergangs in der Zelle genannt worden, noch wurde ihre Anwesenheit zugelassen. Sie erfuhren die Fakten aus der Presse.
Am 8. August 2006, nach mehr als 17 Monaten, wurde die Nebenklage der Mutter Oury Jallohs zugelassen."
Zu diesem Zeitpunkt aber stand immer noch nicht fest, ob es überhaupt zu einem Prozess kommen würde. Daraufhin rief die Initiative „In Gedenken an Oury Jalloh" für den 7. September 2006 zu einem ‚Aktionstag‘ vor dem Dessauer Landgericht auf, dem sich eine Demonstration durch die Innenstadt anschloss.
Am 11. November 2006 lehnte es die 6. Strafkammer des Landgerichts Dessau ab, gegen einen der beiden angeklagten Polizisten ein Verfahren zu eröffnen. Das Gericht begründete seine Entscheidung damit, dass kein Fehlverhalten des Polizisten festgestellt worden war. Bezüglich der Anklage gegen den Dienstgruppenleiter Andreas S. verlangte die 6. Strafkammer des Landgerichts Dessau die Beantwortung „ergänzender Fragen" durch den Brand-

gutachter. Die Staatsanwaltschaft Dessau legte gegen die Ablehnung der Klage beim Oberlandesgericht Naumburg Beschwerde ein.

Die Nebenklage des Vaters rückte den Fall endgültig in die internationale Rechtsszene. Als die Nebenklage akzeptiert wurde, konnte das Landgericht das Verfahren gegen den Polizeibeamten Andreas S. nicht mehr länger ignorieren. Es wurde für den 27. März 2007 anberaumt.

Am 1. Februar 2007 musste das Oberlandesgericht Naumburg der Beschwerde der Staatsanwaltschaft wegen der verweigerten Anklage gegen den Polizeibeamten Hans-Ulrich M. stattgeben.

Vorgesehen waren ursprünglich vier Verhandlungstermine vom 27. bis zum 30. März 2007. Tatsächlich wurde der Prozess auch am 27. März 2007 eröffnet, aber die Urteilsverkündung erfolgte erst nach 620 Tagen, also am 8. Dezember 2008, und statt der ursprünglich geplanten vier Verhandlungstage bemühte sich das Gericht an 59 Sitzungstagen vergeblich, die Schuldigen an Jallohs Tod zu finden und zu verurteilen.

Am 30. Juli 2007 zog im „Tagesspiegel" Constanze von Bouillon eine „Halbzeitbilanz" des Verfahrens, die hier zitiert werden soll, weil man der Autorin ein solides Maß an Vorurteilslosigkeit zubilligen dürfte: „Wenn ein Gerichtsverfahren eine Wende nimmt, passiert das oft mit viel Getöse. Ein Zeuge packt aus, ein Beweis taucht auf, oder ein Täter gesteht. Es gibt aber auch Prozesse, die allmählich die Richtung ändern. Weil sich die Widersprüche häufen. Weil irgendetwas nicht stimmen kann. Oder weil einer neugierig wird.

Manfred Steinhoff ist so einer, der neugierig geworden ist. Er ist Richter am Landgericht Dessau, ein hagerer, etwas griesgrämig wirkender Herr, dem der Zorn schnell das Blut in den Kopf jagen kann. Wenn das Publikum murrt, poltert er gern mal los. Besonders wütend wird

Richter Steinhoff, wenn er das Gefühl bekommt, ein Zeuge lüge ihn an. ‚Der Beamte, der hier falsch ausgesagt hat, muss ans Kreuz genagelt werden', hat er neulich gedroht.
Das war die Wende.
Landgericht Dessau, ein moderner Zweckbau, Schauplatz eines angespannten Gerichtsverfahrens. Hier wird der Tod des Asylbewerbers Oury Jalloh verhandelt, der am 7. Januar 2005 in einer Zelle der Polizeiwache Dessau verbrannt ist. Als er stirbt, ist er mit Händen und Füßen an die Pritsche einer Zelle gekettet. Wie er an ein Feuerzeug kommt und warum ihn keiner rausholt, ist unklar. Die Staatsanwaltschaft glaubt, dass Jalloh seine Matratze angezündet hat. Und dass der verantwortliche Polizeibeamte den Feueralarm mehrfach abgedreht und die mögliche Rettung unterlassen hat.
Das ist allerdings nur ein fiktiver Handlungsablauf, bruchstückhaft wie das meiste, was man über Oury Jalloh weiß. Er ist vermutlich 37, als er stirbt, stammt aus Sierra Leone, ist vor dem Bürgerkrieg nach Guinea geflohen, dann weiter nach Deutschland, und er hat das Pech, dass sein Asylbewerberheim in Sachsen-Anhalt steht.
Es ist nicht bekannt, warum Oury Jalloh dort trinkt und Drogen nimmt, wieso er abrutscht. Freunde beschreiben ihn als hilfsbereiten Kerl, der aber laut werden kann, wenn er säuft. Er regt sich auch über seine Ex-Freundin auf. Die ist aus der Gegend und hat ein Kind von ihm. Kurz nach der Geburt darf Jalloh das Kind nicht mehr besuchen. Sie gibt es zur Adoption frei.
Landgericht Dessau, 27. März 2007, Saal 18, Prozessauftakt. Menschenrechtler aus der halben Welt sind gekommen und Aktivisten gegen Rassismus, die zwei Jahre auf dieses Verfahren gedrängt haben. Die Stimmung ist gereizt, im Publikum glauben viele, dass Oury Jalloh tot ist, weil Polizisten es so wollten. Richter Steinhoff hat

lange gezögert, das Verfahren zu eröffnen, und er hat offenbar wenig Lust auf so viel Emotion. Die Mutter des Toten ist aus Guinea angereist, eine kleine Dame in einem traditionellen Gewand, in das sie sich immer weiter zurückzieht. Ihr gegenüber zwei Polizisten.

Andreas S. ist 46 Jahre alt, er ist kein großer Mann und gehört nicht zu denen, die gelernt haben, große Gefühle zu zeigen. Der Polizist wirkt wie verschanzt hinter einer bewegungslosen Miene, er ist wegen Körperverletzung mit Todesfolge angeklagt. Das ist eine Straftat, die man vorsätzlich begeht. Andreas S. sagt, er bedauert, dass ihm ‚nicht vergönnt' war, das Leben des Oury Jalloh zu retten. Dann erzählt er seinen 7. Januar 2005.

Andreas S. ist früh um sechs im Revier. Er ist damals Dienstgruppenleiter und arbeitet in der Einsatzzentrale im ersten Stock des Hauses. Da koordiniert er die Kollegen, er muss viel telefonieren und ist verantwortlich für den Gewahrsam im Keller. Kurz nach acht geht ein Notruf ein, eine Frau fühlt sich belästigt. Eine Streife wird hingeschickt. Was die vorfindet, berichtet der Polizeibeamte Udo S. dem Gericht. Frauen und Männer von der Stadtreinigung stehen an der Straße und etwas abseits ‚dieser Mann da'. Eine der Frauen sagt aus, dass sie Angst gekriegt hat vor dem Ausländer, der ihr hinterher torkelte. Der Beamte erzählt, wie er ‚sehr vorsichtig' auf ihn zuging, er hat Handschuhe an. Aids und so. ‚Ausweis', sagt er, ‚Passport.' Der Mann ‚blökt', sagt der Polizist.

Die Beamten bugsieren Jalloh in den Wagen, er tritt um sich, Udo S. nimmt ihn in den Schwitzkasten. Als eine Vertreterin der Nebenklage fragt, welche Straftat eigentlich vorlag, sagt er: ‚Belästigung'. Anzeige wurde nie erstattet.

Der zweite Beamte, der bei der Auseinandersetzung dabei ist, heißt Hans-Ulrich M. und hat die Statur eines Basketballers. Er ist wegen fahrlässiger Tötung angeklagt, weil er bei der Durchsuchung von Oury Jalloh ein Feuerzeug übersehen haben soll. M. sagt, da war kein Feuerzeug. Er schildert, dass er Jalloh in den Keller der Wache befördert, ihn auf eine Liege zwingt, ein Arzt Blut abnimmt. Jalloh wehrt sich. Brüllt. Schlägt angeblich mit dem Kopf auf den Tisch. Er hat fast drei Promille Alkohol im Blut, und er hat gekokst, der Arzt erklärt ihn trotzdem für gewahrsamstauglich.

Jalloh weiß nicht, dass es Computerprobleme bei der Überprüfung seiner Personalien gibt. Es wird ihm auch nicht mitgeteilt, warum er überhaupt überprüft wird. Hans-Ulrich M. und Udo S. schleppen ihn in Zelle fünf, ketten ihn an eine Pritsche. Eine Fußfessel bringt ein Kollege aus dem Dienstzimmer von oben mit.

Schon möglich, dass bei dem Handgemenge ein Feuerzeug auf den Boden fällt. Der Arzt ist Raucher, der durchsuchende Beamte auch. Die Anklage glaubt, dass Jalloh das Feuerzeug, das man bei seiner Leiche finden wird, irgendwie aus seiner Hose zerrt. Er nestelt möglicherweise die Naht der Matratze auf und zündet ihre Füllung an, damit man ihn losmacht.

Aber es gibt da noch eine andere Theorie. War jemand in Jallohs Zelle und hat ihn provoziert? Die Anwälte der Nebenklage stellen viele Fragen, die in diese Richtung gehen. Es gibt eine Zeugin, die sagt: Da könnte eine Visite um elf Uhr 30 gewesen sein; im Gewahrsamsbuch ist sie nicht vermerkt. Es ist unklar, wer das war. Aber es gibt einen zweiten Zugang zum Gewahrsam, der durch stille Keller führt.

Das klingt nach Räuberpistole, zu abenteuerlich, um wahr zu sein. Doch es tauchen mehr seltsame Details auf. Mehrere Beamte sehen eine Pfütze vor Jallohs Pritsche. Kein Urin, versichert einer. Was dann? Hat da jemand Spuren verwischt? Warum stirbt Jalloh mit frisch gebrochener Nase? Weil er sich selbst verletzt hat, wie die

Beamten behaupten? Oder verpasst ihm in der Zelle jemand eine Lektion? Vier Beamte und der Arzt sagen, Jalloh sei äußerlich unverletzt gewesen. Hans-Ulrich M. allerdings hat Blut in seinem Gesicht gesehen.

Und wo hält sich Hans-Ulrich M. auf, als der Brand ausbricht? Er kommt kurz vor halb zwölf mit dem Kollegen Udo S. von einer Streifenfahrt zurück. Der Kollege geht essen und wird aussagen, dass Hans-Ulrich M. nicht mitkommt. Auch als es später brennt und alle in den Hof rennen, sieht S. ihn nicht.

Als Polizeiobermeisterin Beate H. vor den Richter tritt, glauben viele, dass jetzt Licht in die Sache kommt. Beate H. ist 39, sie wirkt tüchtig und gut vorbereitet, auch wenn sie immer wieder in Tränen ausbricht. Sie wirkt auch ehrlich. Die Beamtin ist eine Art Kronzeugin, weil sie als einzige den Dienstgruppenleiter Andreas S. belastet hat. Das korrigiert sie vor Gericht. Man habe sie falsch zitiert.

Am Tag, als Oury Jalloh stirbt, arbeitet Beate H. mit Andreas S. in der Einsatzzentrale im ersten Stock. Sie kriegt mit, dass ein Mann unten im Gewahrsam ‚fixiert' wird. Sie stellt die Sprechanlage an und hört, als er mit den Ketten klappert und flucht. Er will losgemacht werden. Sie hört Kollegen mehrfach die Zelle kontrollieren, immer wenn sie weg sind, beruhigt sie Jalloh. Gegen elf Uhr 30 gelingt ihr das nicht mehr. Jalloh ruft, ‚komm zurück', jetzt so laut, dass die Sprechanlage klirrt. Beate H. geht runter, sie sieht Jalloh, ihr fällt nichts Besonderes auf.

Als sie wieder oben ist, hört der Krach nicht auf. Andreas S. stellt die Anlage leise, er fühlt sich beim Telefonieren gestört. Beate H. sagt ihm ‚ziemlich deftig' die Meinung und dreht wieder laut. Gegen zwölf Uhr hört sie etwas, das sie für ein ‚Plätschern' hält. ‚Jetzt gehst du', sagt sie zu ihrem Kollegen, dann fiept der Feueralarm der

Zelle. Andreas S. drückt ihn zweimal kurz hintereinander aus. ,Wir haben eigentlich beide zur gleichen Zeit gesagt, jetzt spinnt das Ding', sagt Beate H., da unten könne doch nichts brennen. Womöglich ein Fehlalarm. Dann schlägt auch der Alarm des Lüftungsschachts an. Erst jetzt sei der Kollege aufgebrochen, auf ihr Drängen hin, sagt Beate H. in ihrer ersten Vernehmung. So steht es jedenfalls im Protokoll. Die Anklage schließt daraus, Andreas S. habe billigend in Kauf genommen, dass der Mann in Gewahrsam verletzt wird. Vor Gericht rückt Beate H. das zurecht. Beim ersten Alarm sei Andreas S. schon auf dem Sprung gewesen, mit dem Schlüssel in der Hand. Beim zweiten habe sie ihn im Raum ,definitiv nicht gesehen'. Wann er genau weg ist, sagt sie nicht. ,Mein Arbeitsplatz ist mit dem Rücken zur Tür. Es ist unmöglich zu sehen, wann er rein- und rausgegangen ist.' Aber wieso reingegangen? Ist Andreas S. noch mal zurückgekommen? Dann hätte Beate H. einen entscheidenden Punkt ausgelassen. Ihre Aussage wirkt nicht wie eine Lüge, aber so, als fehle da was. Die Beamtin steckt womöglich in der Klemme – zwischen Loyalität und ihrem Gewissen.

Es hat auf der Dessauer Wache schon einen Tod in der Zelle gegeben. 2002 landet Mario Bichtemann schwer alkoholisiert im Gewahrsam. Er bleibt fünf Stunden unkontrolliert, aus dem Ohr läuft Blut, und als ein Beamter Alarm schlägt, weil er nicht aufwacht, lässt man ihn liegen. Bichtemann stirbt an einem Schädelbruch. Arzt und Dienstgruppenleiter sind die gleichen wie im Fall Jalloh, auch Beate H. ist damals dabei. Vergessen hat sie das nie; man merkt es ihr an.

Gerhard M. betritt den Gerichtssaal mit einem ängstlichen Gesichtsausdruck. Er ist vom Typ Familienvater und einer, der wie so viele Beamte hier von Gedächtnislücken geplagt wird. ,Weiß nicht', ,kann ich Ihnen nicht sagen', so geht das lange, bis Richter und Staatsanwalt ungemütlich werden. Gerhard M. ist ein wichtiger Zeuge, denn er folgt Dienstgruppenleiter Andreas S. an jenem Tag runter in den Gewahrsam. Der Kollege läuft ‚zügig', sagt Gerhard M., er trödelt nicht.

Was sich dann im Gewahrsam abspielt, fügt sich nur widerstrebend zusammen. Andreas S. sagt, als er ankommt, ist alles zu spät. Rauch schlägt ihm entgegen, er kann nicht mehr in die Zelle. Gerhard M. beschreibt es ähnlich. Beate H., die die Szene über die Sprechanlage verfolgt, hört, wie die Kollegen die Tür öffnen. Oury Jalloh lebt da noch, sagt sie, er schreit nicht um sein Leben, sondern sagt matt: „Feuer." Dann hört sie Schritte und denkt, die Kollegen schleppen ihn raus.

Es schleppt aber keiner Jalloh raus. Gerhard M., der so vieles vergessen hat, wird noch mal vorgeladen, und da bricht es aus ihm heraus: dass er doch noch rein kann damals in die Zelle, dass er den brennenden Körper da liegen sieht. ‚Er war arretiert. Wo der Schlüssel war, weiß ich nicht. Ich konnte ihm da absolut nicht helfen.' Er versucht noch, mit einer Decke zu löschen. Wenn das stimmt, verbrennt Oury Jalloh vor seinen Augen.

Und wo ist Dienstgruppenleiter Andreas S.? Gerhard M. sagt, er sei weggerannt, als die Tür offen war, ‚Hilfe holen'. Einen Feuerlöscher? Oder fehlen Andreas S. auch die Schlüssel für die Fußfesseln? Beim Anlegen hat ein Kollege sie dem Beamten Udo S. von oben gebracht. Er wird auch später der Feuerwehr Schlüssel geben. Stecken sie noch in seiner Tasche? Der Prozess um den Tod des Oury Jalloh ist in die Sommerpause gegangen, aber danach wird er in eine andere Richtung führen. Manfred Steinhoff, der Richter, hat angefangen, Zeugen zu vereidigen. Er glaubt den Beamten offenbar nicht mehr, er sagt, er ist entsetzt. Wie kann es sein, fragt er Andreas S., dass er behauptet, er habe auf dem Weg in den Gewahr-

sam einen Vorgesetzten angerufen? Der Vorgesetzte sagt, das stimmt, zwei Kollegen aber bestreiten es. Gab es da Absprachen, vorsätzliche Verdrehungen?
‚Dieser Beamte, der gelogen hat, muss raus', sagt Richter Steinhoff, schließlich sei das hier keine ‚Bananenrepublik'."
Der Begriff ist zitiert. Zwei Jahre nachdem Constanze von Bouillion dies im „Tagesspiegel" schrieb, vergeht keine Stunde, in der nicht der „Unrechtsstaat" DDR angeklagt wird. Die Bundeskanzlerin Merkel, die einst physikalische Realitäten studierte, lässt sich durch ein Gefängnis führen und vor einer schmalen Zelle filmen, die zu DDR-Zeiten nie in Betrieb war, weil sie nach dem Abzug des russischen Geheimdienstes 1951 stillgelegt worden war. Das erinnert an den Stil von „Bananenrepubliken". Das hunderte Seiten umfassende und gemeinsam von der „Beratungsstelle für Opfer rechter Gewalt" und der „Netzwerkstelle gegen Rechtsextremismus" geführte Protokoll des Jalloh-Prozesses verrät auch, wie sehr den Richter Steinhoff der Prozess verändert hatte. Am deutlichsten am Tag der Urteilsverkündung.
Bevor Richter Manfred Steinhoff begann, erteilte er gegen alle juristischen Gewohnheiten dem Freund Oury Jallohs, dem zur Urteilsverkündung aus Afrika nach Dessau gekommenen Mouctar Bah, das Wort. Und der erklärte zu dem ihm unterbreiteten Angebot, das Verfahren nach Zahlung einer Geldbuße an den Vater des Ermordeten einzustellen: „Bei allem Respekt vor dem Gericht, der Vater möchte das angebotene Geld nicht annehmen, er möchte die Wahrheit wissen".
Richter Steinhoff darauf: „Diesen Weg wollten wir von vornherein der Familie überlassen und uns auch danach richten. Wir wollten das Verfahren damit nicht erschlagen. Nachdem die Familie das abgelehnt hat, ist das selbstverständlich vom Tisch."

Dann begann er seine Urteilsverkündung und schon nach wenigen Minuten war allen Anwesenden klar, dass es sich um eine der ungewöhnlichsten Gerichtsentscheidungen in der Geschichte der deutschen – vielleicht sogar der internationalen Justiz – handelte.
Beide Angeklagte wurden freigesprochen und die Kosten des Verfahrens der Staatskasse übertragen.
Steinhoff begründete seine Entscheidung mit der schockierenden Feststellung: „Halten wir erst einmal fest, dass diese Freisprüche nicht darauf beruhen, dass wir auch nur irgendwie herausgefunden hätten, was an diesem Tag passiert ist."
Dieser Eröffnung folgte ein Tumult im Gerichtssaal. Als Protestierende im Saal nach vorn drangen, mobilisierte Steinhoff die Justizangestellten und die vorsorglich mobilisierte Polizei und ließ die Ruhe wiederherstellen.
Danach aber tat er etwas, was niemand von ihm erwartet hatte: Er verließ das Gerichtsgebäude und sprach auf der Straße mit aufgebrachten Demonstranten. Nebenbei ließ er kontrollieren, ob irgendein legitimierter Prozessbeobachter von Sicherheitskräften am Betreten des Gebäudes gehindert worden war.
Dann erst kehrte er in den Saal zurück und begann die Urteilsbegründung mit den Worten: „Dieses Verfahren weist viele Besonderheiten auf. Wir hatten keine Chance, in einem Verfahren das man als ein rechtsstaatliches Verfahren bezeichnet, die Geschehnisse aufzuklären. Fest steht, dass der Angeklagte Balz den Alarm wegen der Lautstärke ausgedrückt hat, was eine Dienstrechtsverletzung gröbster Art darstellt."
Im Zusammenhang mit der nie geklärten Frage, wie dass Feuerzeug in die Zelle gelangt sein konnte, stellte er fest: „Das hat sich nicht aufklären lassen.
Zu den verwirrenden Aussagen der Polizisten auch noch während des Prozesses stellte er fest: „Die Aussagen

stimmen untereinander nicht überein und sie stimmen nicht mit den technischen Gegebenheiten überein." Tatsächlich hätten sich Falschaussagen gehäuft. „In Wahrheit haben sich die Herrschaften Bender (Name geändert) und Puntsch (Name geändert) mit diesen Aussagen selbst retten wollen." Das habe ihn besonders erbost, „da wir sie belehrt haben".

Zu einem Tatbestand der Vergangenheit: Das Polizeirevier Dessau hatte sich darum bemüht, den sogenannten DGL-Bereich in eine untere Etage zu verlegen, um die Reaktionszeit bei möglichen Zwischenfällen in den Gewahrsamszellen zu verkürzen. Das zuständige Amt hatte das aus Kostengründen nicht genehmigt. Zudem konnte nicht erklärt werden, warum in den Zellen keine Kameras installiert worden waren.

Steinhoff: „Das ist absurd, ja fast schon pervers."

Die Liste der Tatsachen, die das Gericht nicht klären konnte, war lang. Des Richters Fazit: „Der weitere Verlauf der Ermittlungen ist durch Pleiten, Pech, Pannen und Unvermögen gekennzeichnet."

Als Beispiel führte er eine Polizei-Meldung an, die schon am Tattag versichert hatte, dass den handelnden Beamten keine Versäumnisse nachzuweisen wären. Darin sah er eine „Lobpreisung des Tuns der aktiv Beteiligten".

Zum Verhalten zahlreicher Polizeibeamten vor Gericht: „Es ist schon erschreckend, in welchen Maße hier schlicht und ergreifend falsch ausgesagt wurde." Später machte er dieses Aussageverhalten für das Scheitern des Verfahrens verantwortlich: „Die Wahrscheinlichkeiten reichen nicht aus, um irgendjemanden zu verurteilen. Das Ganze hat mit Rechtsstaat nichts mehr zu tun. Das, was hier geboten wurde, war kein Rechtsstaat mehr und Polizeibeamte, die in einem besonderen Maße dem Rechtsstaat verpflichtet waren, haben eine Aufklärung verunmöglicht. All die Beamten, die uns hier belogen haben, sind Beamte, die als Polizisten in diesem Land nichts zu suchen haben." Er endete mit dem schockierenden Bekenntnis: „Ich habe keinen Bock mehr zu diesem Scheiß, mehr was zu sagen. ... Ich hoffe, ich muss so etwas nie wieder erleben. – Ich befürchte, ich werde mich irren."

Die gekommen waren, um das Urteil zu hören, applaudierten, obwohl er die Täter hatte laufen lassen.

Die da applaudierten, hatten den Eindruck, dass ihm das Urteil über den Rechtsstaat in dieser Stunde wichtiger erschien als alles andere!

Und das obwohl er einen Prozess geführt hatte, in dem ein Mensch ums Leben gekommen war.

Auf eine Weise, die an Brunos mittelalterlichen Flammentod in Rom erinnert hatte!

KLECKSTE DER FÜLLER?

Es fiel kein Schuss, es floss kein Blut, es loderten nirgends Flammen. Aber es fand eine Serie von Betrugs-Prozessen statt und als sich der vorsitzende Richter des vorerst letzten Verfahrens 2008 erhob, um das Urteil zu verkünden, begann er damit, den Angeklagten ob einer „Tat“ ausgiebig zu rühmen.

Der Mann vor den Schranken des Rostocker Gerichts war Günther Krause, dessen Namen nicht – wie bei Prozessberichten gemeinhin üblich – abgekürzt oder geändert werden muss, da er zu den sogenannten öffentlichen Persönlichkeiten zählt, deren Schritte weder verheimlicht oder verschleiert werden müssen, dieweil die Öffentlichkeit ein berechtigtes Interesse daran habe, alles zu erfahren.

Krause war in diesen Kreis aufgerückt, als er den Vertrag unterschieb, der den „Beitritt“ der DDR zur BRD besiegelte. Das geschah 2 Stunden und 14 Minuten nach Beginn des 31. August 1990. Krause soll für die „Tat“ einen goldenen Füllfederhalter benutzt haben, der im damals noch volkseigenen Betrieb Schreibgerätewerk Markant Singwitz – unweit Bautzen – hergestellt worden war. Das Unternehmen wurde zwei Jahre später samt Fertigungsstätte von der Treuhand an ein Hamburger Unternehmen verkauft, das dort noch heute Faserstifte produzieren lässt, was offenbart, das wenigstens ein Teil der Frauen und Männer, die besagten Füllfederhalter gefertigt hatten, bis heute noch in Lohn und Brot stehen.

An Krauses Unterschriftsleistung 1990 erinnerte der Vorsitzende des Landgerichts Rostock 2008, rühmte sie als „unauslöschlichen Verdienst für die Bundesrepublik“ und versicherte, dass er sie in dem von ihm zu fällenden Urteil berücksichtigen werde. Anders ausgedrückt: Das Signum sicherte ihm „mildernde Umstände“.

Immerhin verurteilte das Gericht Krause 2008 zu einer Gefängnisstrafe von einem Jahr und zwei Monaten wegen Bankrottdelikten in vier Fällen und Insolvenzverschleppung. Die Strafe wurde zur Bewährung ausgesetzt und obendrein verzichtete das Gericht darauf, einen an sich gesetzlich vorgeschriebenen Bewährungshelfer zu benennen.

Damit war knapp 18 Jahre nach jener Unterschrift durch das Urteil erhärtet worden, dass man Persönlichkeiten wie Krause hierzulande nicht unter Kuratel stellt.

Um den Weg in jenen Rostocker Gerichtssaal aufzuhellen, zunächst ein knapper Krause-Lebenslauf.

Geboren am 13. September 1953 in Halle. Dem Besuch einer der in der DDR üblichen Erweiterten Oberschule folgte 1972-74 der Wehrdienst. Danach studierte Krause, von dem es heißt, dass er ursprünglich Kirchenmusiker hatte werden wollen, – möglicherweise widerwillig oder gezwungenermaßen – Bauingenieurwesen und Informatik in Weimar. Danach nahm er eine Arbeit im Wohnungsbaukombinat Rostock auf, promovierte 1984 zum Dr.-Ing. und habilitierte sich 1987 an der TH Wismar als Dr. sc. techn.

In der DDR-CDU war er schon damals zum Kreisvorsitzenden von Bad Doberan gewählt worden. Bei der DDR-Wahl am 18. März 1990 wurde er als Abgeordneter in die Volkskammer gewählt. Ministerpräsident Lothar de Maizière (CDU) ernannte ihn zum Parlamentarischen Staatssekretär im Amt des Ministerpräsidenten und dann zum Leiter der Verhandlungsdelegation für den Staatsvertrag mit der BRD.

Am 18. Januar 1991 wurde Krause als Bundesverkehrsminister vereidigt. 1993 empfahl ihm Kanzler Kohl, von diesem Amt zurückzutreten. Krause hatte seine zunächst so rapide Bundeslaufbahn durch eine Reihe von Affären in eine Sackgasse gesteuert, versicherte aber bei allen

gegen ihn erhobenen Vorwürfen, dass er völlig unschuldig und im Grunde das Opfer von Intrigen sei.
AFFÄRE 1: Als Krause von der Ostseeküste nach Berlin zog und das Haus seiner Frau in Börgerende vermietete, bezog er zum Spott-Mietpreis von 740 DM eine riesige Müggelseevilla, die – nachdem man sie aufwendig behindertengerecht umgebaut hatte – dem Verband „Für Selbstbestimmung und Würde e.V." zur Nutzung übergeben werden sollte.
Die „Berliner Zeitung" dazu: „Krause stand seit seinem Einzug in den Millionenbau im Kreuzfeuer der öffentlichen Kritik. ... Dem Verband wurde auf Weisung des Ministers dann ein Haus in Karolinenhof als Ausgleich angeboten, dessen Sanierung und behindertengerechter Ausbau über einen Million Mark kosten würde."
Krause räumte die Villa allerdings erst, als er sein Minister-Domizil in Bonn bezog.
AFFÄRE 2: Der Verkauf von 41 Autobahn-Raststätten auf dem Territorium der DDR wurde noch vor dem Machtantritt der Treuhand in Tag-und-Nacht-Verhandlungen abgewickelt. Das enorme Interesse einer großen Schar von Bewerbern ergab sich daraus, dass die von Staats wegen erteilte Lizenz zum Betreiben einer Raststätte – die Abstände zwischen den Projekten müssen mindestens 40 Kilometer betragen – vor jeder Konkurrenz gesicherte Einnahmen sichert. Der „Spiegel" (28/1991) hatte bei den damaligen Geschäften einen „Ruch von Schieberei und Patronage" wahrgenommen und sehr bald auch den zu dieser Zeit noch als DDR-Staatssekretär tätigen Krause als Beteiligten der Deals ermittelt.
Eine Spur führte zu der niederländischen Hotelkette Van der Valk, die großes Interesse bekundet hatte. Die Empfehlungen, die Krause im Sinne der Niederländer den verschiedensten Instanzen zukommen ließ, würden Seiten füllen.

Krause empörte sich allerdings, als dies publik wurde: Die Vorwürfe gegen ihn, seien „völlig aus der Luft gegriffen“ und er fühle sich „einer gezielten Kampagne“ ausgesetzt.
Der „Tagesspiegel“ (24. Juni 1991) schilderte den Verlauf einer Pressekonferenz zu diesem Thema: „Krause leugnete nicht, dass er ein Interesse am Auftrag für Van der Valk gehabt habe, freilich nicht speziell dieser Firma zuliebe, sondern wegen der Privatisierung des Autobahn-Servive-Netzes insgesamt und der damit verbundenen Investitionen in der DDR.“
Als das Gedränge um die Verträge zunahm, erinnerten die Niederländer Krause an seine Zusagen und formulierten deutliche Forderungen. Der „Spiegel“ gelangte zu dem Fazit: „Der Raststätten-Fall ist Krauses erste große Affäre – wenn es schlecht für ihn läuft, wird es auch seine letzte sein.“ Selbst „Bild“ – das Blatt hatte ihn lange gefeiert – fragte schlagzeilig: „Wie lange ist Minister Krause noch tragbar?“
AFFÄRE 3: Wegen des Lohns für eine Putzfrau im Krause-Haushalt kam es zu einem Skandal. Krause ließ mitteilen, dass ihm das Arbeitsamt in Bad Doberan die 50-jährige Langzeitarbeitslose für 18 Stunden wöchentlich vermittelt und einen Lohnkostenzuschuss von 70 Prozent „angeboten“ habe. Tatsächlich hatte das Amt den Zuschuss jedoch abgelehnt, möglicherweise, weil ihm nicht unbekannt geblieben war, dass die monatlichen Einkünfte der Krauses an die 30.000 DM betrugen. Daraufhin intervenierte Krauses Frau Heidrun beim Arbeitsamt Rostock, dem die Nebenstelle in Bad Doberan unterstand. Am 17. Februar 1993 teilte Bad Doberan mit, dass 70 Prozent der Kosten übernommen würden. Es kam zum Knatsch, Krause sah sich einmal mehr unrechtmäßig behelligt, musste die Summe aber zurückzahlen.

AFFÄRE 4: Das Minister-‚Aus' für Krause kam, als Anfang Mai 1993 bekannt wurde, dass er sich seinen privaten Umzug von Berlin nach Börgerende in Höhe von 6.390 DM vom Staat hatte bezahlen lassen. Als „Übergangsentgelt" kassierte Krause nach der Entlassung 410.000 DM aus der Bundeskasse.
AFFÄRE 5: Nach seinem Abschied aus der Politik gründete Krause die „Aufbau Invest GmbH" und verblüffte die Öffentlichkeit mit einer „Eigenheim-Variante" für jedermann: Man unterschrieb und verpflichtete sich, innerhalb von drei Jahren ein Eigenheim zu bauen. Keine Anzahlung, kein Kleingedrucktes. Krause verpflichtete sich, für die nötigen 100 Quadratmeter Bauland und ein Unternehmen zu sorgen, das das Haus errichten würde. Danach bat „Aufbau-Invest" erst zur Kasse: 199.000 DM. Aber auch diese Summe musste nicht etwa eingezahlt werden, sondern wurde von Krauses Firma kreditiert. Und das zum banalen Zins von 5 % – bei einer Tilgungsrate von 2 %. Man hatte also rund 1.200 DM im Monat zu zahlen und war damit Haus- und Hofbesitzer. Dank Krause!
ND-Redakteur René Heilig versuchte das Rätsel zu lösen. Als erstes wandte er sich an das Büro in Berliner Kudammlage und bat um ein Interview. Krause war nicht da, hätte wohl auch keine Zeit gehabt, wenn er da gewesen wäre, und ein Herr Hofmann, der die Kunden beriet, war wiederum nicht gesprächsbereit. Heilig erfuhr: Prospektmaterial gäbe es nicht, man bespreche alles im direkten Kontakt mit künftigen Bauherren. Eines Tages wurden Briefe an Interessenten versandt: „Sehr geehrte Familie ..., entsprechend Ihrer Nachfrage zum Volkshaus können wir ihnen mitteilen, dass wir jetzt in der Lage sind, Ihnen einen Standort in Blumberg anzubieten."
Auf dem Flurstück 134 der Berliner Randgemeinde würden demnächst die ersten Häuser entstehen. Der Frie-

densweg, der von der B 158 abgeht, sei als Standort ausgewählt.
Der Friedensweg erwies sich als Modderpfad, an dem vier Bodenreformhäuser und eine Autoverwertungsfirma lagen.
Der Kfz-Verwerter stellte den suchenden Interessenten meist die gleiche Frage: „Komm'se wegen der Häuser? Alle paar Tage machen mich hier Leute an, aba ick weeß von nischt."
Amtsdirektor und Bürgermeister antworteten skeptisch. René Heilig suchte Pontius und Pilatus auf, telefonierte, recherchierte. Letzte Klarheit erlangte er dennoch nicht. Allerdings stieß er noch auf eine ungewöhnliche Spur: „Beim zuständigen Bauamt in Ahrensfelde hat sich jemand als Beauftragter der Firma Parker, Gold & Company, New York gemeldet. Nebst einigen anderen Flächen stand sein Sinn auch nach dem Flurstück 134." Und: Irgendwann soll Krause auch Briefe an die Finanzminister der fünf neuen Länder gerichtet haben. Inhalt: Er sei ‚beauftragt, moderne Finanzierungsmethoden zum Vorteil der jungen Bundesländer anzubieten', die unter Mitwirkung von Weltbank, Weltwährungsfonds und US-Zentralbankrat erarbeitet worden seien ...
In der Potsdamer Regierungskanzlei war der Brief nicht bekannt.
Vor Gericht ging es viel später vor allem um einen Kredit in Höhe von elf Millionen DM, den Krauses AI von der Bayerischen Landesbank erhalten hatte. Im Prozess 2002 vor dem Rostocker Landgericht versicherte der damalige Bankdirektor Lamminger, dass man Krauses Bauvorhaben in den neuen Ländern hatte finanzieren wollen und nicht ahnte, dass Krause den Kredit durch Treuhandverträge zur Aufbau Invest AG (Zürich) und zur Finanz Commerz AG (Zürich) überwiesen hatte. Irgendwann ging der größte Teil der Summe bei Yen-

Dollar-Geschäften verloren. Vor Gericht hatte übrigens auch Klaus Rauscher ausgesagt, der 1990 Chef der Bayerischen Staatskanzlei gewesen war und bezeugte, er kenne Krause als „verdienten Mann um die deutsche Einheit“.

AFFÄRE 6: Im August 1994 überraschte Krause die Öffentlichkeit mit einer Nachricht, die nicht nur Staunen, sondern Fassungslosigkeit und vielerorts Entsetzen auslöste. Die „Berliner Zeitung“ meldete am 31. August: „Mit Ex-Bundesverkehrsminister Günther Krause an der Spitze, will sich die IG Farben i.A. sofort der enteigneten Grundstücke in Ostdeutschland widmen. Bei der gestrigen Hauptversammlung des einstigen Chemiekonglomerats regte ein Aktionär unter breitem Beifall an, den früheren sowjetischen Staatschef Michael Gorbatschow in den Aufsichtsrat zu wählen. Als Kandidat stand aber nur der frühere Bundesverkehrsminister Günther Krause zur Wahl, der der IG Farben bei der Beschaffung von Besitz aus der Zeit des dritten Reichs helfen soll.“

Damit hatte Krause eine politische Etage betreten, gegen die der Poker um die Billighäuser und die verlorenen Millionen wie der Groschenkauf von Gummibärchen in einem Discountladen wirken musste.

Der IG-Farben-Konzern hatte am 22. April 1915 begonnen, seine unmenschliche Geschichte zu schreiben: Aus Hunderten Stahlbehältern waren bei Ypern im westflandrischen Belgien 180.000 kg von IG Farben produziertes Chlorgas auf britische und französische Schützengräben abgeblasen worden. Das war die Geburtsstunde des Gaskriegs, der nur deshalb nicht weiter eskalierte, weil deutsche Generale einen Gegenschlag fürchteten. Zwei Jahrzehnte nach dem blutigen Tag von Ypern sandte Prof. Carl Krauch, IG-Vorstandsmitglied, eine Denkschrift an die Hitler-Regierung und gab zu bedenken, „dass die chemische Waffe die Waffe der überlegenen Intelligenz und des überlegenen technisch-naturwissenschaftlichen Denkens ist. Als solche ist sie berufen, in deutscher Hand kriegsentscheidend sowohl an der Front als auch gegen das feindliche Hinterland eingesetzt zu werden." Als besondere Empfehlung hatte das Unternehmen das weltweit als Inbegriff für Massenmord empfundene Zyklon B offeriert. Millionen Menschen wurden später in Konzentrationslagern damit ermordet. Die Rechnungen der IG-Farben-Buchhaltung gingen an die SS-Zentrale.

Wenn auch am Kapitalismus geschulter Menschenverstand zu erklären vermag, warum die alliierten Piloten während des Zweiten Weltkrieges nur selten die IG-Farbenfabriken in ihrer Bombardierungszielorder für Deutschland fanden – 87 Prozent der Werke waren bei Kriegsende noch voll einsatzfähig! – blieb den Westalliierten nach der Niederlage Hitler-Deutschlands keine Wahl: Im Mai 1947 standen 24 IG-Farben-Direktoren vor einem Alliierten-Tribunal in Nürnberg.

Der US-amerikanische Ankläger, Brigadegeneral Telford Taylor, sagte in seinem Plädoyer: „Sollten sie nicht bestraft werden, werden sie für den künftigen Frieden der Welt eine viel größere Gefahr darstellen als Hitler, wenn er noch am Leben wäre."

Inzwischen war jedoch der Kalte Krieg aufgeflammt, und die amerikanischen IG-Farben-Freunde waren mächtig genug, dafür zu sorgen, dass Brigadegeneral Telford Taylor eine bittere Enttäuschung erlebte: Zehn der Angeklagten wurden freigesprochen und die übrigen kamen mit dürftigen Freiheitsstrafen davon.

Ein Gesetz „entflocht" den Konzern, bewahrte aber die Zentrale. Die existierte über Jahrzehnte als eine Instanz, die auf ihren Briefbögen den Hinweis „in Liquidation" trug. Es wurde nie aufgeklärt, was dieses Unternehmen und seine Aktionäre in all den Jahren trieben, aber verbürgt ist, dass sie von Reichtum träumten, der durch die „Heimkehr“ der in der DDR enteigneten Betriebe eines Tages ihre Konten erreichen würde.

Als sich die Aktionäre der „IG Farben in Liquidation“ im Juli 1994 in Frankfurt/Main zur jährlichen Versammlung trafen, hatten sie vor dem Tagungs-Nobelhotel Demonstranten empfangen, die das Geister-Unternehmen seit Jahren aufforderten, die Hinterbliebenen der durch Zyklon B ermordeten KZ-Opfer zu entschädigen. Einer von ihnen war Peter Gingold, der ein Schild mit der Aufschrift trug: „Mein Bruder, meine Schwester, meine Verwandten – ermordet mit dem Giftgas der IG Farben.“

Die Aktionäre ignorierten die Demonstranten. Im Tagungssaal formulierten sie einmal mehr ihre Forderungen: Hunderte Grundstücke seien an die IG Farben zurückzugeben, alles in allem 115 Millionen Quadratmeter.

Was ihnen fehlte, war eine Persönlichkeit von Rang, die die absurden Forderungen vertrat. Er war schon unter ihnen: Günther Krause.

Er erschien allen als der ideale Mann für das Vorhaben. Journalisten gegenüber hatte Krause erklärt, dass er eine Woche gezaudert hatte, ehe er sich entschlossen hatte, nach Frankfurt/Main zu fahren. Den Grund, den er für seine Entscheidung angab, konnte man nur als abstruse Ausrede werten: „Es kann doch nicht sein, dass in allen deutschen Aufsichtsräten nur Westdeutsche sitzen.“

Den zweiten Grund zitierte die „Berliner Zeitung“ so; „Es ist doch lächerlich, so zu tun, als habe die IG Farben als einzige mit dem Krieg zu tun gehabt. Die ganze deutsche Wirtschaft hat sich schließlich von 1933 bis 1945 an der Kriegsproduktion beteiligt.“

Damit wiederholte er haargenau, was die Verteidiger der IG-Farben-Direktoren in Nürnberg ins Feld geführt hatten.

Günther Krause war damit endgültig „angekommen“. (Irgendwann verschwand er spurlos wieder aus dem Vorstand, nachdem ihm offensichtlich noch immer Wohlgesonnene dringend dazu geraten hatten.)
AFFÄRE 7: Eine stattliche Serie von Skandalen hatte der „Spiegel“ (13/1993) zusammengetragen und sie mit „Krimi im Krause-Land“ überschrieben: „Wo immer in Mecklenburg-Vorpommern windige Unternehmer am Aufschwung Ost teilhaben, taucht der Name ... Günther Krause auf. Auch zur Hauptfigur in einem Millionen-Skandal um den Rostocker Baukonzern Elbo pflegte der Christdemokrat beste Kontakte. ... Hauptfigur dieses Wirtschaftskrimis war der Bremer Diplom-Ingenieur Heinz Krahmer ... Im Freundeskreis rühmte sich Krahmer immer wieder seiner guten Beziehungen zum Bonner Minister Krause. Auch die Nebenrollen waren mit Krause-Bekannten besetzt. Auf mehr als 450 Quadratmetern mietete Krahmer in der Bonner Bürgerstraße 12 ein ‚Verbindungsbüro Bonn‘. Leiter wurde Gerhard Hepke, früher Direktor des Wohnungsbaukombinats Rostock, in dem Krause nach dem Studium vier Jahre gearbeitet hatte. ... Rechte Hand Krahmers war ... Falk W. Spahn (Jahresgehalt 600.000 Mark). Als der im Herbst 1992 Geburtstag feierte, gab ihm auch Krause die Ehre. ... Mittlerweile sind die Abzocker aus dem Westen abgeschmiert. ... Zwei der Manager sitzen in U-Haft. ... Krahmer ist tot. Er starb Anfang letzten Jahres nach dem Besuch eines Massagesalons in Singapur. ... Am 21. Mai 1991 schrieb Krahmer-Manager Gerhard Holfelder an den Leiter der Abteilung Straßenbau im Bundesverkehrsministerium: ‚Der Herr Bundesminister für Verkehr, Prof. Dr. Krause, hat mich telefonisch gebeten, mit Ihnen Kontakt aufzunehmen. Auf Veranlassung des Herrn Ministers haben wir vor geraumer Zeit mit der Planung der Küstenautobahn begonnen ... und nach Absprache ...

mit dem Herrn Minister die Zusage gegeben, die Planung im Herbst abzuschließen."

Die Liste der Affären ließe sich verlängern. Krause hatte eine Bank in Kiel gekauft, wollte Börgerende in eine glanzvolle „Marina" verwandeln und behauptete gegenüber Journalisten, Regierungsstellen in St. Petersburg und Kiew beraten zu haben.

GEGENWART: Am 15. Juli 2008 meldete „Bild": „Der Ex-Bundesverkehrsminister (1991–1993) präsentiert BILD sein neues Hauptquartier in Kirchmöser. ... Krause, das Stehaufmännchen. Lange erledigt, pleite, als Politiker verbrannt. ... Er hat sich als Bauunternehmer und Privatbanker versucht, wollte Oberbürgermeister von Rostock werden. Und scheiterte. Im vergangenen Herbst verhängte das Landgericht Rostock eine Bewährungsstrafe (14 Monate) gegen ihn. ... Jetzt will er der Öl-Scheich Brandenburgs werden. Aus Essensresten, Staubsaugerbeuteln, alten Zeitungen ... Und weil er für die Öl-Gewinnung Fachpersonal braucht, hat der Ex-Minister gleich noch eine Elite-Universität mitbegründet."

Das alles erhärtet, dass der Lebensweg des Prof. Dr. Günther Krause ihn dafür prädestinierte, die bedingungslose Kapitulation der DDR zu unterschreiben.

Irgendwann soll er übrigens behauptet haben, der Füller aus Singwitz bei Bautzen habe gekleckst ...

VON ARNSTADT BIS TEMPLIN

Vor mehr als dreihundert Jahren war ein gewisser Remus von Hausen am Dornheimer Berg vor dem „Arnstädtischen Hoch-Gericht auf das Rad gepflochten“ und auf martialische Weise hingerichtet worden. Es muss die Tat des Remus gewesen sein, die die Richter jener Zeit bewogen hatte, die lange nicht verhängte Höchststrafe zu verhängen. Sein Delikt: Er hatte – so die überlieferten Akten – den „Juden Diphtale Tod geschlagen“, womit belegt wäre, dass die Arnstädter Richter Judenmord mit dem Aufflechten aufs Rad bestraften! Das spricht für Arnstadt, denn Judenmord war schon im Mittelalter keineswegs überall in deutschen Landen strafbar.

Im Januar 1993 mochte in Arnstadt niemand daran erinnert werden, denn nicht allzu weit entfernt von der damaligen Richtstätte war ein Mann mit modernen Rädern auf so grausame Weise hingerichtet worden, dass im Grunde kein Unterschied zum furchtbaren Tod des Remus erkennbar blieb.

Am Abend des 15. Januar 1993 war Karl Sidon, Bürger Arnstadts und Angestellter der städtischen Verwaltung, durch brutale Faustschläge um die Besinnung gebracht und dann bewusstlos auf die Bahnhofstraße – eine der Magistralen der Stadt und damit mindestens so öffentlich wie der Platz am Dornheimer Berg – geschleift worden, wo ihn zwei ahnungslose Autofahrer überrollten und damit „durchs Rad“ vom Leben zum Tode beförderten. Sidon war danach noch am Leben, starb aber auf der Fahrt ins Krankenhaus. Dieser Tatbestand fällt jedoch nicht ins Gewicht, weil seine Überlebenschancen minimal waren. Auch Remus von Hausen war vielleicht nicht schon in dem Augenblick tot gewesen, als ihn der Henker vom Folterrad knüpfte.

Über die Hinrichtungsstätte des Karl Sidon hatte man zwei Tage lang ein Transparent gespannt: „Mitbürger: Wir fordern von Staat und Justiz die lückenlose Aufklärung des Mordes!“
Darüber hatte man ein Holzkreuz an einen Wegweisermast gebunden, das ebenfalls an Sidons Tod gemahnen sollte. Die Hoffnung, dass die Stadt sich eines Tages entschließen könnte, dort ein Steinkreuz aufzustellen, erfüllte sich indes nicht. Dafür gab es sicher manchen Grund. Es wären da wohl genügend Arnstädter gewesen, die im Interesse des Rufs der Stadt gegen ein solches Mahnmal votiert hätten. Die Hinrichter Sidons, zwei Jugendliche, 15 und 16 Jahre alt, wurden zwar im August 1993 in Erfurt zu drei Jahren und neun Monaten Haft verurteilt, aber danach geriet der Name in Vergessenheit, bis im März 2009 im 50 Bahnminuten entfernten Suhl eine Ausstellung eröffnet wurde, über die man im Lokalteil der Zeitung „Freies Wort“ (6. März. 2009) las: „Beinahe schwer fällt das Hinsehen. Doch genau das soll die Ausstellung, die gestern im Neuen Rathaus eröffnet wurde, bewirken. Sie soll wachrütteln. Den Menschen die Gewalttaten von Neonazis und Rechtsextremisten vor Augen führen. Die Ausstellung mache auf die Opfer aufmerksam und solle mithelfen, nachzudenken und wachsam zu sein, sagt Oberbürgermeister Jens Triebel zur Eröffnung.“
Eine Mahnung, wiederholt, 17 Jahre nachdem Arnstadts katholischer Pfarrer Wolfgang Teichert noch vor dem Mord von der Kanzel seiner Kirche herab bereits beklagt hatte, dass die „Straßen Arnstadts entweiht worden sind“. Im zur gleichen Stunde stattgefundenen evangelischen Erntedankgottesdienst hatte Frau Dr. Johanna Voigt-Hoffmüller vom Neuen Forum alle demokratischen Parteien aufgerufen, nie wieder zuzulassen, was zur Schändung von Arnstadts Straßen geführt hatte.
Gemeint war in den Kirchen beider Konfessionen der

Aufmarsch der faschistischen NPD zu ihrem sogenannten Deutschlandtag. Die jeder Sympathie für die Linke unverdächtige „Thüringer Allgemeine" hatte die Demonstration mit den Worten beschrieben: „Überwiegend Teilnehmer aus den alten Bundesländern waren am Sonnabend dem Aufruf der rechtsgerichteten NPD zu einer Demonstration mit anschließender Kundgebung auf dem Arnstädter Riedplatz gefolgt. Hier wurden sie vom Thüringer Landesvorsitzenden der Partei begrüßt, der dazu aufforderte, ‚für ein Deutschland zu kämpfen von der Maas bis an die Memel, von der Etsch bis an den Belt'. Der ‚korrupten, stiefelleckenden Regierung' werde man bei den nächsten Wahlen die ‚rote Karte zeigen'. ... Deckert bekannte sich, wenn Deutschnational sein bedeute, nazistisch zu sein, ‚dann bin ich eben ein Nazi'. Die von fremdenfeindlichen Parolen geprägte Veranstaltung klang aus mit der vollständigen Version des Deutschlandliedes."

Das hatte sich ein gutes Jahr nach dem Untergang der DDR mitten in Thüringen zugetragen und nach einigem halbherzigen Streit um die Frage, wer wann die Genehmigung zu dieser skandalösen Kundgebung erteilt hatte, kam ans Licht, dass der Innenminister des Freistaats diese Entscheidung getroffen hatte.

Was das mit der Hinrichtung des Karl Sidon zu tun haben könnte? Selbst ein politisch Desinteressierter wird nicht leugnen, dass diese Kundgebung dazu beitrug, das „Klima" für diesen Mord zu schaffen.

Karl Sidon hatte keinen Juden erschlagen. Der 46-jährige – 40 Tage nach seinem Tod hätte er seinen 47. Geburtstag feiern können – war mit Leib und Seele Gärtner, ein ruhiger, aber energischer Mann, der sich mit Eifer seinen Blumen, Sträuchern und Bäumen widmete und seine Mitmenschen für die gleiche Haltung zu gewinnen trachtete.

Hier wäre Bert Brecht zu zitieren, der in seinem Hitlers Weg skizzierenden Drama „Der unaufhaltsame Aufstieg des Arturo Ui" geschrieben hatte: „Böse Menschen lieben keine Blumen."
Karl Sidon hatte solche Erfahrung in all den langen Jahren, da er Arnstadts Grün pflegte, auch machen müssen, aber bekümmert erlebt, dass nach der Rückwende diese Haltung eskaliert war, als eine Gruppe jugendlicher Rechter den Schloßpark zu ihrem Hauptquartier erkoren hatte und seine Bemühungen ignorierte.
Noch einmal sei Brecht und der „Ui" zitiert, der vor dem Faschismus gewarnt hatte:

> „So was hätt' einmal fast die Welt regiert!
> Die Völker wurden seiner Herr, jedoch
> Dass keiner uns zu früh da triumphiert –
> Der Schoß ist fruchtbar noch, aus dem das kroch!"

Karl Sidon musste diese Warnung mit seinem Leben bestätigen!
Die Stadtverwaltung hatte im Schlosspark eine Behindertentoilette errichten lassen. Die rechte Rotte hatte sie zerstört. Sidon wollte mit den Jungens reden, begann sie auch behutsam zu mahnen, die leergetrunkenen Bierbüchsen nicht herumliegen zu lassen. Das erboste den Trupp und ließ ihn mit neuen Verwüstungen reagieren. Sidon meldete die Vorkommnisse ins Rathaus. Er wollte seinen Park nicht eines Tages in eine Wüste verwandelt sehen.
Die Bande erfuhr davon – und richtete Karl Sidon hin! Durchs Rad! Sie schlugen Sidon zusammen und schleppten den Bewusstlosen auf die Bahnhofstraße, wo ahnungslose Autofahrer ihn überrollten.
Innerhalb weniger Minuten wurden der 23-jährige Landschaftsgärtner Maik, der 18-jährige Konditorlehrling Marco und die 13-jährige Susann – Beste ihrer Klasse –

zu Waisen. Mutter Elfriede, die Karl im Jahre 1969 18-jährig geheiratet hatte und eine glückliche Ehe mit ihm führte, war Witwe.

Später wollte die Stadtverwaltung „Wiedergutmachung“ leisten und beschaffte ihr einen „Job“ – sinnigerweise auf dem Friedhof!

Lange vor dem Mord an Sidon hatten Arnstädter vor den sich formierenden Jugendbanden gewarnt und oft genug die Frage gestellt: „Muss erst einer umkommen?“

Natürlich zitierte im Rathaus niemand Brecht, wenn die Rede auf den Mord kam. Man bezeichnete ihn schlicht als „kriminelle Handlung“. Wer sich damit nicht abfand, stieß auf alarmierende Signale.

So zum Beispiel auf Aussagen des damaligen Polizeichefs von Arnstadt, Harald Sauerbrey. Der braune „Aufmarsch“ im Oktober 1992 hatte viele Bürger aufgeschreckt. Die Empörung galt nicht nur den „Maas-bis-an-die-Memel“-Schreihälsen, sondern auch den Banden im Schlosspark. Journalisten wandten sich an Sauerbrey. Der wiegelte ab: Kinderunfug! Sauerbrey erfand nicht den Ausdruck „Baby-Skins“, aber er sorgte dafür, dass diese verharmlosende Vokabel in Umlauf kam, und brachte sogar die „Thüringer Allgemeine“ dazu, sie in fetten Lettern als Titel über die Ausführungen des Polizeichefs zu setzen. Diese Nach-DDR-Erscheinung wurde von dem Blatt folgendermaßen erklärt: „Täglich kann man sie im Schlosspark sehen, die Baby-Skins. Es sind Jugendliche zwischen zwölf bis 16 Jahren, mitunter auch Ältere darunter. Es sind Schüler und Lehrlinge aus Arnstadt und Gotha. Sie blödeln miteinander, haben ähnliche Vorstellungen von ihrer Zukunft, kommen aus gleichem sozialen Milieu. Die Eltern sind vielfach arbeitslos. Diese Mädchen und Jungen wollen nach Aussage von Polizeichef Harald Sauerbrey ‚einfach akzeptiert werden; und die quatschen die Meinungen der Rechten nach.

Nach ihrer Auffassung greifen sie niemanden an. Wenn sie von Leuten provoziert würden, die vom äußeren Erscheinungsbild links aussehen, Gruftis oder Punks sind, dann drehen sie durch, gehen sie tätlich vor', so der Hauptkommissar, der in regelmäßigen Abständen das Gespräch mit diesen Baby-Skins sucht. Bei der Polizeiinspektion lägen Anzeigen gegen einige vor, weil es bei Auseinandersetzungen mit andersdenkenden Jugendlichen Körperverletzungen gegeben habe. ‚Irgendwie müssen sie sich produzieren', so der Polizeichef. ‚Natürlich legen sie uns ein Stück Kriminalität ins Territorium', denn sie wollen am Konsumrausch teilhaben, aber dazu fehlt das Geld. Dann besorgen sie sich manche Dinge eben auf ‚anderem Wege'."

So simpel sah das der Polizeichef und schien der Bevölkerung auf diese Weise erklären zu wollen, dass man sich an „Baby-Skins" gewöhnen müsse.

Dabei beließ man es nicht in Arnstadt und Umgebung. Ein weiterer rechter Zeuge aus Arnstadt begegnete mir auf der Leinwand: Thomas Kreyßler. Ich hatte ihn sogar für Augenblicke persönlich gesehen, wechselte aber aus triftigem Grund kein Wort mit ihm. Mehr als ich schon über ihn wusste, hätte ich selbst bei einem mehrstündigen Gespräch kaum erfahren können.

„Amtshilfe" leistete in diesem Fall die Bonner Regierung. Die nämlich hatte ein Projekt des Vereins für Kommunalwissenschaft e.V. durch das Bundesministerium für Frauen und Jugend gefördert und auf diese Weise einen halbstündigen Videostreifen produzieren lassen, der deutschlandweit aufgeführt worden war: „Thomas K. (22) – Porträt eines DDR-Neonazis".

Wer sich wundern sollte, was ein Bonner Ministerium bewogen haben könnte, das Porträt eines Neonazis zu verbreiten, muss nicht lange grübeln: Der Film sollte die Mythe verbreiten, die rechte Szene in den neuen Bundes-

ländern sei der „Vorarbeit“ von Neonazis in der DDR zuzuschreiben!
Dafür hatte man jenen Kreyßler als Hauptdarsteller und also Hauptzeugen ausgewählt. Wer nur halbwegs klar sah, entdeckte sofort, dass die Bilder aus DDR-Zeiten in einer Strafvollzugsanstalt aufgenommen worden waren und der Aufstieg Kreyßlers zum rechten „Parteichef“ erst nach seiner Haftentlassung und dem „Beitritt“ möglich geworden war.
Obendrein war auch die optische Konstellation der von Bonn finanzierten Geschichtsfälschung ungünstig: Die DDR-Bilder waren vor kargem Knasthintergrund gefilmt, die „neue Zeit“ vor blühenden Rosen. Wer immer auch wann dieses Video betrachtete, es passte in keine Schablone. Nicht in die der im „Unrechtsstaat“ unschuldig Eingekerkerten noch in die eines Neonazismus in der DDR, der angeblich totgeschwiegen worden war.
Geboren worden war der redegewandte Schönling, von dem mir eine Klassenkameradin gestand, dass er alle „faszinierte und viele Mädchen zu Freundinnen hatte“ in – Arnstadt. Sein Beruf? Der Abiturient hatte die Laufbahn eines Händlers eingeschlagen. Der Handel blühte bekanntlich damals. Womit er handelte? Mit Schusswaffen! Das mochte wie ein mieses Klischeedrehbuch klingen, war aber blanke Wahrheit. Er hatte einen dementsprechenden Antrag gestellt, den das zuständige Kreisratsamt genehmigte hatte – alles „rechtens“ im Rechtsstaat.
Vor der Fernsehkamera, die man auf Regierungskosten in einem Garten so hatte aufstellen lassen, dass sich sein lichtblaues Hemd auffallend von dem Rosenstrauch im Hintergrund abhob, wurde er nach „seiner Partei“ gefragt, wobei erwähnt werden muss, dass er dem gleichen Kamerateam in einer DDR-Strafvollzugsanstalt im November 1989 mit biederer Miene versichert hatte,

Lehren aus seinen Fehlern der Vergangenheit gezogen zu haben, ohne dass er sich zu den Details dieser „Fehler" äußerte.

Originalton Kreyßler zu „seiner" Partei: „Wir haben uns zunächst einen theoretischen Partner gesucht, und zu diesem Zeitpunkt erschien uns die DVU als ideelle Schwesterpartei. Das hat sich aber im Laufe der Zeit geändert.

Reporter: Was hat sich da geändert?

Kreyßler: Man muss ganz einfach mal sagen: Wenn man sich so mit den Persönlichkeiten in der DVU beschäftigt, zum Beispiel mit Herrn Dr. Gerhard Frey. Da liegen ja nun die übelsten Gerüchte in der Luft. Dass er sich persönlich an Parteibeiträgen bereichert hat, sich und seiner Frau Wagen gekauft hat, sich Häuser gekauft hat, das sind eigentlich Sachen, die auf der Hand liegen. Das ist in unseren Kreisen soweit bekannt und deshalb distanzieren wir uns, ein wenig.

Reporter: Haben Sie Dr. Frey selbst kennengelernt?

Kreyßler: Ich persönlich nicht, aber mein Pressesprecher.

Reporter: Wieviel sind denn in Ihrer Partei?

Kreyßler: Wir sind eine Partei, die regional im Landkreis Arnstadt vertreten ist. Die stärkste Zahl von Mitgliedern haben wir hier in der Stadt, grob geschätzt 40 bis 60, dann haben wir eine sehr starke Ortsgruppe in Plaue. Plaue ist ein kleiner Ort mit zehn, zwölf Mitgliedern, dann sind wir, was in die Nähe des Raums Weimar geht, der Ort fällt mir im Moment nicht ein, da wären vier bis fünf Mitglieder. Also wenn wir das regional auf die Mitgliederzahlen beschränkt sehen, sind wir schon stärker in Thüringen vertreten als die DVU selbst.

Reporter: Und wenn Sie mir Ihr Programm in drei Sätzen umreißen würden?

Kreyßler: In drei Sätzen umreißen? Ich fange mal mit dem Problem an, was wohl das wichtigste ist. Wir sind

generell nicht für Ausländerreduzierung, sondern für einen Ausländerstopp, weil, wenn wir uns gen Frankfurt, Hamburg richten mit den Blicken, dann werden wir sehen, dass dort eine Riesenanzahl der Ausländer ist und dass diese Leute arbeiten und leben und ihre Kultur verbreiten, was nicht immer gut ist. Fakt ist eins: Diese Leute schnappen den Deutschen die Arbeit und die Wohnung weg. Um das zu vermeiden, haben wir es hier in unserer Stadt auf die Tagesordnung gesetzt. Das wäre der erste Punkt. Der zweite wäre, wenn ich mal so sagen darf, wir möchten doch irgendwann Schlesien wieder für unser Land beanspruchen. Der dritte Punkt wäre – was nehme ich jetzt aus dem Zehn-Punkte-Programm? – die Beanspruchung für die rechte Bewegung einer absoluten Presse- und Redefreiheit. Und die wird uns nicht gewährt.
Film-Kommentar: Pressefreiheit? Bisher können sie in den ostdeutschen Ländern tun und lassen, was sie wollen. Volksverhetzung – niemand stört sie. Auch Herr Irving kommt immer wieder.
Originalton Irving: Man kann ihnen, den Deutschen, nichts an Kriegsverbrechen oder Greueltaten anlasten!
Film-Kommentar: Entgegen den blutigen Tatsachen leugnet er die Gaskammern von Auschwitz-Birkenau und darf auf öffentlichen Plätzen seine Hetztiraden loslassen ... (Trauermusik vor den Bildern von Juden auf dem Weg in die Gaskammern) ... Schritt für Schritt werden die Köpfe dieser jungen Leute manipuliert und mit Lügen über das wahre Gesicht des Nazismus vollgestopft ...
Kreyßler: Wenn man merkt, dass man unter Kameraden ist, man ist die Einigkeit, man ist die Einigkeit, die sonst fehlt. Man fühlt sich auf einmal mächtig. Wenn zwei passende Kameraden bei einem sind, können endlich einmal freiweg die Losungen geschrieen werden, die uns allen auf unserer Seele liegen. Es ist klar, irgendwie wird dann

der Hass gegen die politischen Feinde, kommt irgendwie dann total zum Ausdruck, nicht nur im Gesicht ...
Reporter: Politische Feinde? Sehen Sie die auch in der Regierung? Ich will Sie jetzt nicht verführen, aber Bundeskanzler Kohl, was ist das für ein ...
Kreyßler: Ich bin Herrn Kohl dankbar, dass wir ein einiges Vaterland haben. Das war's!
Film-Kommentar: Kreyßler spreizt sich ... Selbst der Bürgermeister von Arnstadt redete mit ihm.
Kreyßler: Wenn er so weiter macht, braucht er sich nicht zu wundern, wenn wir eines Tages wieder auf die Straße gehen ... Ich muss sagen, er war zur Diskussion mit uns bereit, hat uns empfangen und alles. Und wir hatten ein sehr ermunterndes Gespräch, bloß wenn es dann wieder zu den harten Fakten ging, ist er mir davongeschwommen. Ich habe theoretisch gemerkt, er ist, er will Ruhe in der Stadt, ganz klar, welcher Bürgermeister will das nicht? Er ist schließlich als Bürgermeister seinen Bürgern rechenschaftspflichtig. Und wir als Rechte, wir wollen, nicht nur in der Heimatstadt, auch sonst, ein gutes Bild abgeben. Das heißt, wir müssen in der Stadt durch Ruhe und Ordnung auftrumpfen, sonst haben wir gar keine Chance. Der Bürgermeister wusste das. Er wusste, dass wir das Ziel haben, bei der Bevölkerung ordnungsbewusst aufzutreten.
...
Kreyßler: Und in der Silversternacht ist es dann passiert. Da kam es zu gewalttätigen Auseinandersetzungen mit der Polizei. Auf dem Marktplatz ... Ich bin dabei gewesen und bin auch beteiligt gewesen.
Reporter: Und gab es Ermittlungsverfahren?
Kreyßler: Es gab an dem Tag Verhaftungen unsererseits, die – wie sich dann herausstellte – unberechtigt waren.
(Im Video Szenen gewalttätiger Auseinandersetzungen)
Film-Kommentar: Die Auseinandersetzung wird der

Polizei überlassen. Das ist kein Weg. Die Demonstrationen der Macht treiben die jungen Menschen in die Arme der ... (es folgen zwei Namen neonazistischer Führer aus den alten Bundesländern) ... und Kreyßler.
Kreyßler: Die Polizei hat dann einen schwerwiegenden Fehler gemacht, ist provokativ mit Schildern auf den Marktplatz marschiert und hat provoziert. Da kam es dann zu diesen Auseinandersetzungen, die handgreiflich wurden. Es kam dann zu einer Art Prügelei, Schlägerei und diese Verhaftungen auf unserer Seite.
...
Kreyßler: Wir sind eigentlich gegen Gewalt, aber wir schließen Gewalt auch nicht aus.
Film-Kommentar: Von kleinen extremen Randgruppen hörten wir bis September '91, Hoyerswerda belehrte uns alle. Nazis und andere schlugen ihren Frust auf die Schwächsten nieder. Sie hatten niemandem etwas getan."
Die Filmschöpfer hatten im Dezember 1991 in Arnstadt sogar zu einer Diskussion eingeladen. Man hörte manch klugen Gedanken und viele hohle Worte, über „Rechtsextremismus in der DDR" redete niemand ...
Fünf Tage nachdem Karl Sidon umgebracht worden, gab es in Arnstadt weitere unschuldige Todesopfer: Im Obdachlosenheim in Angelhausen waren zwei Menschen verbrannt, ein dritter konnte gerettet werden, starb aber in der nächsten Nacht an den Folgen seiner Verletzungen. (Obdachlose gab es in der DDR nicht, auch wenn Fabel-Historiker heute noch nachzuweisen versuchen, dass es immerhin Wohnungslose gegeben haben soll.)
Auch Arnstadt war plötzlich mit diesem sozialen Problem konfrontiert worden. Man richtete Obdachlosenunterkünfte ein, aber die stießen im Umfeld meist auf Ablehnung.
So hatte es auch niemanden überrascht, dass die erste polizeiliche Tatort-Auskunft zu der am Sonnabend, dem

23. Januar 1993, abgebrannten Baracke „Brandstiftung“ gelautet hatte. Es hieß, ein Zeuge hätte den Täter davonfahren sehen.
Am Freitag hatten sich 400 Arnstädter in der Bahnhofstraße versammelt und mit brennenden Kerzen Sidons gedacht. Es waren auch Reden gehalten worden, die der Polizei vorwarfen, dem Treiben im Schlosspark seit einem Jahr unbeteiligt zuzusehen.
Doch die Polizei hatte schon tags darauf ganz andere Sorgen. Als erstes wurde die Brandstiftung in Angelhausen energisch dementiert. Ein „technischer Defekt“ sei die Unglücksursache gewesen. Niemand hatte sich jedoch erklären können, wie die Baracke so plötzlich in Brand geraten sein sollte, dass sich die drei Bewohner nicht mit einem Sprung aus dem Fenster retten konnten?
Neun Tage nach dem Brand suchte ich vergeblich Reste der Baracke. Sie war eingeebnet worden und die Fläche wie glattgeharkt von riesiger Hand.
Was vorgefallen war, fand ich in der Zeitung „Mitteldeutsche Allgemeine Eichsfeld“ (25. Januar 1993). Die hatte dem Brand eine halbe Seite gewidmet. Frank Thonicke hatte mit Anwohnern gesprochen und Fazit gezogen: „Zwei Tote nach dem Brand im Arnstädter Obdachlosenheim: Das ist schlimm, meinen die Anwohner. Aber irgendwie ist man doch froh, dass nun das Heim weg ist.“
Das war deutlich genug!
Die Einzelheiten wurden umfassend beschrieben: „Schreie hallen durch Angelhausen. Aus der grünen Bretterbude mitten im Dorf lodern Flammen, dichter Rauch macht diesen Samstagnachmittag – es ist halb drei Uhr – zum Abend. Das Obdachlosenheim brennt: Diese Nachricht macht bei den meisten der 800 Einwohner von Angelhausen – einst war man selbständig, jetzt ist man nach Arnstadt eingemeindet – schnell die Runde. Einige stürmen aus ihren Häusern, manche wollen helfen.

Ein Nachbar, Udo heißt er, beweist Todesmut: Er zieht einen brennenden Mann aus dem Fenster des Heimes, rettet ihm so vielleicht das Leben. Der Mann liegt noch im Krankenhaus, kämpft mit dem Tod. Für zwei kommt jede Hilfe zu spät – sie sterben in dem Feuer, das sich durch die morschen Balken frisst. Brandstiftung heißt es zunächst. Sind nach den Asylbewerbern jetzt Deutsche dran, die am untersten Ende der sozialen Leiter stehen? Der böse Verdacht bewahrheitet sich nicht. Die Erfurter Staatsanwaltschaft spricht seit gestern von einem Unglücksfall.

18 Stunden nach dem Brand, Sonntagmorgen. Von der grünen Holzbaracke ist so gut wie nichts übriggeblieben. Gemauerte Schornsteine ragen einsam in die Höhe, zwei Kachelöfen haben die Glut überstanden. Wo hier was war, wie die Raumaufteilung aussah – nicht mehr zu erkennen. Irgendwo steht noch das Eisengestell eines geschmolzenen Stuhls. Kripobeamte wühlen in der schwarzen Asche, auch Eckehard Dierbach, Chef des Arnstädter Ordnungswesens, starrt fassungslos auf die Trümmer.

Elf Obdachlose, allesamt Männer und Arnstädter, waren in dem Heim gemeldet, erzählt er uns. Glück im Unglück: Zur Zeit des Brandes waren die meisten nicht da, auch gestern noch nicht zurückgekehrt. Sie wissen noch nicht, was mit ihren Kameraden geschah.

Penner, sagen die Anwohner, waren es, die Unterkunft fanden in der grünen Baracke. Hier, in Angelhausen, kennt noch jeder jeden. Die Wohnsilos in Plattenbauweise in Arnstadt, die Probleme mit Skins und Rechtsradikalen – Kassels Partnerstadt gilt als eine der Hochburgen der rechten Szene –, all das scheint hier weit weg. ...

Klaus Pabst ist der Wirt von ‚Freyas Mini-Tränke', der Kneipe gleich gegenüber der Obdachlosenunterkunft. So zehn, fünfzehnmal erzahlt er, habe er schon Polizei oder

Rettungswagen alarmieren müssen: ‚Wenn die voll waren, haben die eben randaliert und sich die Fresse eingeschlagen‘. Dennoch: Mit den Alkoholikern habe er Mitleid gehabt: ‚Das geht doch ganz schnell: Man wird arbeitslos, verfällt dem Alkohol, die Wohnung wird gekündigt, und schon ist man auf der Straße.‘ Man kannte sie schon zu DDR-Zeiten, obwohl sie offiziell nicht existierten. ‚Die sind doch‘, sagt einer, ‚schon früher auf dem Bahnhof herumgekungelt‘.

Wer half diesen Menschen? Ordnungswesen-Chef Dierbach spricht von Suchtkranken, die aber ‚rechtlich selbständige Menschen sind‘. Das Obdachlosenheim sei schließlich kein Internierungslager gewesen, obwohl man häufige Kontrollen – auch nachts – gemacht habe. Ergebnis: Trotz Alkoholverbot wurde Schnaps getrunken.

Beim Amt ist man sich jedenfalls keiner Schuld bewusst, stellt sich nicht die Frage, die falsche Unterkunft am falschen Ort gewählt zu haben. Und auch die Meinung einer Nachbarin – ‚in dieser Holzbaracke musste es ja eines Tages brennen, da genügte doch eine Zigarettenkippe‘ – will man nicht teilen. Es gab genügend Feuerlöscher, eine neue Nachtspeicherheizung sei installiert worden, berichtet Eckehard Dierbach. Auf der anderen Seite: ‚Was ist in so einem alten Holzhaus schon sicher‘, sagt der Mann vom Ordnungswesen. Und: Einer der Insassen soll ja auf der Toilette eingeschlafen sein ...

Mit Rechtsradikalen, versichern die neugierigen Angelhäuser an der Brandstelle, habe man im Dorf jedenfalls nichts am Hut. Nur einmal, erzählt ein junges Mädchen, seien die Rechten gekommen und hätten die Obdachlosen ‚breitgeklopft‘. Doch das war, fügt sie schnell hinzu, ein dummer Irrtum: ‚Die dachten, das wären Ausländer‘.

So wird, sind die Ruinen erst einmal weggeräumt und die Obdachlosen irgendwo anders untergebracht, wieder Ruhe einkehren in Angelhausen. Iris Bräutigam, die zwei

Häuser neben der verbrannten Baracke wohnt, findet das auch ganz gut so: ‚Es ist natürlich schlimm, dass zwei Menschen sterben mussten. Aber irgendwie sind wir Anwohner ganz froh, dass das Heim nun weg ist."
Da die Baracke völlig eingeebnet worden war, war ich sicher, vom Leiter des Ordnungswesens zu erfahren, welche Brandursache denn nun ermittelt worden war. Herr Dierbach verwies mich an seinen Vorgesetzten, den Leiter des Ordnungs- und Rechtsamtes, Herrn Wulf. Der bestätigte zwar, dass die Baracke auf Weisung der Stadtbehörde dem Erdboden gleichgemacht worden sei, wollte sich aber zur Brandursache nicht äußern. „Dafür bin ich nicht zuständig", erklärte er mir. Ob er denn das Resultat der Untersuchung kenne, wollte ich wissen. Er nickte, könne aber keine Auskunft geben. Ob die geheim gehaltenen Feststellungen der zuständigen Beamten tatsächlich die Brandursache ermittelten, wird sich nie mehr klären lassen, weil alle Spuren beseitigt worden waren. Ich fragte nach dem Motiv dieser hektischen Eile? Wulf hob die Schultern, und legte nur Wert darauf, mir mitzuteilen, dass es sich nicht um ein „Obdachlosenasyl" gehandelt habe, sondern um eine „Ersatzschlafstätte".
Ich wollte herausfinden, ob denn die Toten identifiziert worden waren.
Die Antwort lautete: „Man musste warten, bis alle da waren und dann wusste man, wer fehlt."
Die Verbrannten waren beigesetzt worden.
Der Leitende Oberstaatsanwalt Kretschmer – hatte die „Thüringer Allgemeine" 72 Stunden nach dem Brand gemeldet – habe mitgeteilt, „dass ein Brandanschlag definitiv ausgeschlossen werden könne. Als Brandursache sei ein Schwelbrand in einer Matratze ermittelt worden."
Diese Mitteilung löste neue Verwunderung aus, denn in der „Ersatzschlafstätte" hatte es keine Matratzen gegeben!

Tragisches Fazit: Innerhalb von 192 Stunden waren in Arnstadt vier Menschen eines unnatürlichen Todes gestorben.
Von den fünf wegen des Mordes an Karl Sidon Verhafteten war dreien keine direkte Beteiligung nachgewiesen worden, weshalb man sie wieder auf freien Fuß gesetzt hatte. Ein 15- und ein 16-jähriger waren im August 1993 vom Erfurter Bezirksgericht zu je drei Jahren und neun Monaten Haft verurteilt worden.

UNVOLLSTÄNDIGE MORD-OPFER-LISTE (1)

Am 10. Dezember 2008 hatte der Parlamentarische Staatssekretär des Bundesinnenministeriums, Peter Altmaier, eine Kleine Anfrage der Abgeordneten Petra Pau und der Fraktion Die Linke. Es ging um die Zahl der „Todesopfer politisch rechts motivierter Gewalt“ seit der Wiedervereinigung. Die Bundesregierung nannte 40 Todesopfer, Petra Pau monierte einen „eklatanten und zunehmenden Widerspruch“ zwischen den Zahlen, die Journalisten und Initiativen ermittelt haben, und den Zahlen des Bundesinnenministeriums. Die Zeitungen „Der Tagesspiegel“ und die „Frankfurter Rundschau“ hatten bereits 2003 recherchiert, dass rechts motivierte Täter mindestens 99 Menschen getötet hatten.
Die von mir nachfolgend publizierte Liste führt nur Opfer in den neuen Bundesländern auf, auch weil schon vor 1990 zahlreiche Opfer rechtsextremer Gewalt in den alten Bundesländern zu beklagen gewesen waren. Die Liste stützt sich auf viele Quellen, darunter Angaben der Ausstellung „Opfer rechter Gewalt seit 1990“ der Künstlerin Rebecca Forner, der Opferperspektive e.V., der am 14. September 2000 veröffentlichen Listen der bereits genannten Zeitungen und zahlreicher anderer Informanten.

ANDRZEJ FRATCZEK
wurde am 7. Oktober 1990 wurde bei einem Überfall von drei Jugendlichen vor einem Nachtclub in Lübbenau (Brandenburg) zu Tode geprügelt.

KLAUS-DIETER REICHERT (24)
war am 11. Dezember 1990 in seiner Wohnung in Berlin-Lichtenberg von drei Skinheads, die angeblich Schul-

den eintreiben wollten, zusammengeschlagen worden. Er sprang in panischer Angst im zehnten Stockwerk aus dem Fenster und überlebte nicht.

GERD HIMMSTÄDT (30)
wurde am 1. Dezember 1991 in Hohenselchow (Brandenburg) von sieben rechten Jugendlichen mit Baseballschlägern so brutal zusammengeschlagen, dass er drei Tage später seinen Verletzungen erlag.

TIMER KÄHLKE (29)
wurde am 12. Dezember 1991 in Meuro (Brandenburg) von Mitgliedern einer „Wehrsportgruppe“ erschossen, als diese sein Auto für einen von ihnen geplanten Überfall stehlen wollten.

JORGE GOMONDAI (28)
stürzte am 31. März 1991 in Dresden (Sachsen) während einer Auseinandersetzung mit Skinheads aus einer fahrenden Straßenbahn und starb an schweren Kopfverletzungen.

DRAGOMIR CHRISTINEL (18)
wurde am 15. März 1992 beim Überfall von 25 Skinheads auf ein Asylbewerberheim in Saal (Mecklenburg-Vorpommern) nach einer Auseinandersetzung mit Rumänen zu Tode geprügelt.

NGUYEN VAN TU (24)
wollte am 24. April 1992 zwei vietnamesischen Freunden zu Hilfe kommen, die in Berlin-Marzahn von einer Gruppe rechter Jugendlicher verprügelt worden waren. Als er mit den Angreifern reden wollte, wurde er von einem erstochen.

THORSTEN LAMPRECHT (23)
war am 9. Mai 1992 in Magdeburg (Sachsen-Anhalt) bei einem Überfall von 60 Skinheads auf eine Punk-Fete durch Hiebe mit Baseballschlägern ermordet worden.

EMIL WENDTLAND (50),
ein Obdachloser, war am 1. Juli 1992 von drei Skinheads, die sich zum „Pennerklatschen" verabredet hatten, im Rosengarten von Neuruppin (Brandenburg) zusammengeschlagen und erstochen.

IRENEUSZ SZYDERSKI (24),
ein polnischer Erntehelfer, wurde am 3. August 1992 nach dem Besuch einer Diskothek in Stotternheim (Thüringen) überfallen. Als er über einen Zaun fliehen wollte, wurde er von drei Ordnern der Skinheadszene so brutal verprügelt, dass er an den Verletzungen starb.

WALTRAUD SCHEFFLER
Die Aushilfskellnerin hatte versucht, auf die am 11. Oktober 1992 mit „Sieg-Heil"-Rufen ein Lokal in Geierswalde (Sachsen) Überfallenden beruhigend einzureden und war daraufhin von den Neonazis mit einem Holzknüppel auf den Kopf geschlagen worden. Sie erlag 13 Tage später ihren schweren Verletzungen.

ROLF SCHULZE (52)
Der Obdachlose war am 7. November 1992 bei Lehnin (Brandenburg) von zwei Skinheads überfallen und mit einer Propangasflasche geschlagen worden. Danach tauchte man ihn im Kölpinsee unter, bis er ertrank. Seine Leiche wurde mit Benzin übergossen und verbrannt.

SILVIO MEIER (27)
Der gelernte Drucker gehörte zu einer Gruppe von vier

Linken, die am 21. November 1992 in Berlin in eine Auseinandersetzung mit fünf Neonazis gerieten. Zwei der Begleiter Silvio Meiers wurden schwer verletzt, er selbst durch Stiche in die Lunge getötet.

HANS-JOCHEN LOMMATSCH (51)
Der Baumaschinist wollte am 18. Dezember 1992 in Oranienburg (Brandenburg) nach seinem Auto sehen, als er von zwei Skinheads angegriffen und von einem der beiden mit Tritten und Faustschlägen getötet wurde.

MARIO JÖDECKE (23)
war am 24. Januar 1993 in Schlotheim (Thüringen) vor einer Pizzeria bei einer Schlägerei zwischen einer Gruppe linker Punks und rechter Heavy-Metal-Fans erstochen worden.

MIKE ZERNA (22)
war am 19. Februar 1993 in Hoyerswerda (Sachsen) bei einem Überfall von rechten Skinheads auf linke Jugendliche zusammengeschlagen wurden. Danach hatten die Skinheads einen Wagen auf den wehrlos am Boden Liegenden gekippt. Er starb sechs Tage später an seinen Verletzungen.

MATTHIAS LÜDERS (23)
Der Wehrpflichtige war bei einem Überfall 40 rechter Skinheads auf eine Diskothek in Obhausen (Sachsen-Anhalt) am 24. April 1993 von zwei schweren Schlägen auf den Kopf getroffen worden und erlag zwei Tage später seiner Verletzungen.

BELAID BAYLAL (42)
Der Asylbewerber war am 8. Mai 1993 von zwei Skinheads in einer Gaststätte in Belzig (Brandenburg)

beschimpft und danach verprügelt worden. Mit lebensgefährlichen Verletzungen transportierte man ihn ins Krankenhaus. Er starb am 4. November 1993 an den Folgen der Verletzungen.

HORST HENNERSDORF (37)
Der Obdachlose wurde am 5. Juni 1993 in Fürstenwalde (Brandenburg) von zwei Rechtsextremisten grausam zu Tode gequält. Zeugen beobachteten die Tat, ohne einzuschreiten.

HANS-GEORG JAKOBSON (35)
schlief am 28. Juli 1993 in der Berliner S-Bahn auf der Strecke nach Strausberg. Drei rechte Skinheads prügelten ihn wach und warfen ihn aus dem fahrenden Zug. Er starb an seinen Verletzungen.

MICHAEL GÄBLER (18)
Er war am 19. November 1993 in einem Zittauer Jugendklub (Sachsen) mit einem Gast in Streit geraten, der wegen seiner faschistischen Sprüche mit Hausverbot belegt worden war. Auf dem Weg nach Hause kam es zu einer neuen Auseinandersetzung. Der Neonazi stach mehrmals auf Gäbler ein, der seinen schweren Verletzungen erlag.

KLAUS R. (43)
Am 28. Mai 1994 geriet er mit einer Gruppe von sechs Skinheads, die eine Wohnung in einem Leipziger Mietshaus (Sachsen) besetzt hatten, in Streit und wurde von diesen zu Tode geprügelt.

JAN W. (45)
Der polnische Bauarbeiter war am 26. Juli 1994 von einer Gruppe junger Deutscher in die Berliner Spree gehetzt

und gewaltsam daran gehindert worden, ans Ufer zurückzuschwimmen. Er ertrank.

GUNTER MARX (42)
war am 6. August 1994 in Velten (Brandenburg) von einer Gruppe von Rechten, die ihn ausrauben wollte, vom Fahrrad geholt worden. Als er beteuerte, kein Geld bei sich zu haben, wurde er von einem der Angreifer mit einem Schraubenschlüssel erschlagen.

PETER T. (24)
Der Bundeswehrsoldat war am 25. Mai 1995 beim Ausflug an einen Stausee bei Hohenstein-Ernstthal (Sachsen) von 20 Skinheads, die zuvor Pakistanis angegriffen hatten, zusammengeschlagen worden und starb neun Tage später.

SVEN BEUTER (23)
war am 15. Februar 1996 in Brandenburg/Havel (Brandenburg) von einem Skinhead so brutal verprügelt worden, dass er fünf Tage später an den Folgen der Verletzungen starb. Der Täter bekannte, an ihm seinen Hass auf „Zecken“ (Linke und Punks) abprügeln zu wollen.

BERND G. (43)
Der Geschäftsmann hatte am 8. Mai 1996 in Leipzig-Wahren (Sachsen) mit drei Rechtsextremisten getrunken. Danach hatten sie ihn zusammengeschlagen und erstochen. Die Leiche versenkten sie im Ammelshainer See.

BORIS MORAWEK (26)
wurde am 11. Juli 1996 auf einem Platz in Wolgast (Mecklenburg-Vorpommern) von zwei Skinheads mit Tritten und Schlägen traktiert und beschuldigt, ein „Kinderschänder“ zu sein. Die von Augenzeugen gerufenen Polizisten unternahmen nichts, um die Angreifer an wei-

teren Attacken zu hindern. Zwei Tage später starb Morawek an seinen schweren Kopfverletzungen.

ANDREAS GÖTZ (34)
starb an den Folgen eines Überfalls durch sechs rechte Jugendliche am 1. August 1996 in Eisenhüttenstadt (Brandenburg). Sie hatten 90 DM erbeutet und zwangen ihn durch Sprünge auf seinen Kopf, die Geheimnummer seiner EC-Karte preiszugeben.

ACHMED BACHIR (30)
Der Asylbewerber wurde am 23. Oktober 1996 in Leipzig (Sachsen) vor einem Gemüseladen durch einen Messerstich ins Herz getötet, als er zwei deutschen Frauen zu Hilfe kommen wollte, die von Skinheads als „Türkenschlampen" beschimpft worden waren.

PHON VAN TOAU (42)
war am 31. Januar 1997 am Bahnhof Fredersdorf (Brandenburg) von einem Deutschen hochgehoben und mit dem Kopf auf den Betonboden geschleudert worden. Er starb drei Monate später.

FRANK BÖTTCHER (17)
war am 8. Februar 1997 in Magdeburg (Sachsen-Anhalt) von einem Gleichaltrigen mit Springerstiefeln attackiert worden. Der Angreifer stach den am Boden Liegenden mit einem Butterflymesser mehrmals in den Rücken. Böttcher starb kurz darauf im Krankenhaus.

ANTONIO MELIS (37)
wurde am 13. Februar 1997 in Caputh (Brandenburg) von einem 18-Jährigen und einem 25-Jährigen mit Schlägen und Tritten schwer misshandelt und anschließend in der Havel ertränkt worden.

An dieser Stelle der zitierten Liste stand der Name des 33-jährigen Polizisten Stefan Grage, der am 23. Februar 1997 auf dem Autobahn-Parkplatz Roseburg (Schleswig-Holstein) erschossen worden war. Er könnte noch leben, wenn die Verfolgung rechtsextremer Täter in der Bundesrepublik Deutschland gewissenhafter betrieben würde ...

Begonnen hatte alles mit einem anderen Verbrechen am 19. Februar 1997 in Berlin.

Der Tag hatte für Klaus Baltruschat wie jeder andere begonnen. Mit dem Auto war er von Köpenick nach Marzahn gefahren, wo er im „Kleinen Buchladen" mit Büchern handelt. Es war eher ein großes Zimmer als ein Laden, deshalb schlug er bei gutem Wetter gemeinsam mit seiner Frau Käthe auf der Straße einen Stand auf. Und zwar vor dem Haus, in dem Gregor Gysi sein Wahlkreisbüro hatte.

Baltruschat stieg wie jeden Morgen die paar Stufen zu seinem Büro hinauf, öffnete die Tür, sinnierte einen Augenblick, was er als erstes tun wollte, schaltete den Anrufbeantworter ein und hörte plötzlich Schritte hinter sich.

Jemand, der zur PDS will?

Ein früher Käufer?

Er wandte sich um. Vor ihm stand eine schwarz vermummte Gestalt, die ein Gewehr auf ihn gerichtet hatte. Die drei Schüsse, die der Vermummte abfeuerte, waren schneller als alle Gedanken. Der erste zerfetzte Baltruschats linken Arm, der zweite streifte seine Brust, der dritte traf die rechte Hand.

Blutüberströmt brach er zusammen. Der Täter verschwand. Baltruschat schleppte sich auf die Straße, schrie

um Hilfe. Die Textilhändlerin, die ihr Geschäft gleich neben dem PDS-Haus betrieb, öffnete ihre Ladentür, blickte erstaunt auf die leere Straße. Drei Schüsse am Morgen in Marzahn? Sie konnte es sich nicht erklären. Den am Boden Liegenden sah sie nicht, war inzwischen sicher, sich verhört zu haben, und schloss ihre Tür.
Baltruschat rief weiter um Hilfe. Ein Passant sah ihn liegen, hielt ihn aber für einen Betrunkenen. Erst beim Näherkommen sah er die Blutlachen. Er alarmierte Polizei und Feuerwehr. Die kam als erste, aber ein Notarzt darf keine Schusswunden behandeln. Er löste immerhin den Notruf aus. Die Polizei erschien und stürmte das Haus, den Täter noch in irgendeinem Zimmer vermutend. Die Türen waren verschlossen und wurden eingetreten, bis allen klar war, dass der Täter geflohen war. Da begann endlich die halbwegs systematische Suche in der Umgebung.
Inzwischen war auch ein kompetenter Arzt erschienen und ließ Klaus Baltruschat eine gute Stunde nach der Bluttat in einen Krankenwagen laden. Die Fahrt führte quer durch die Stadt nach Köpenick! Dort kümmerten sich Spezialisten um ihn.
Die Nachricht vom Attentat war inzwischen von den Agenturen als Eilmeldung verbreitet worden, wurde allerdings danach fast jede Stunde korrigiert.
Am Nachmittag verteilte die Polizei Flugblätter in den umliegenden Straßen des Tatorts. Eine Zeugin ward gesucht, etwa 45-jährig, mit dunklem Anorak und von einem etwa fünfjährigen Kind begleitet.
Schon zu diesem Zeitpunkt unterlief den Fahndern ein fataler Fehler: Der Berliner Staatsschutz suchte den Täter auf einer Liste von rund 20 Neofaschisten, die nach der missglückten Suche rund um den Tatort überprüft werden sollten. Deshalb begaben sich die Fahnder auch zur Wohnung eines Kay Diesner in der Blenheimstraße, einen

guten Steinwurf vom Tatort entfernt. Man klingelte an der Wohnungstür –, möglicherweise hatte man auch geklopft und das übliche „Aufmachen! Polizei!" gerufen –, aber es tat sich nichts.

Was dann geschah, vermochte hinterher niemand zu erklären: Das Fahndungskommando fand sich damit ab, dass Diesner außer Haus war, und hielt es nicht einmal für nötig, eine Fahndung in die Wege zu leiten. Darauf wurde unbegreiflicherweise sogar verzichtet, als man vor der Tür sein geparktes Auto fand.

Ein Irrtum war ausgeschlossen: Den Fahndungsunterlagen war zu entnehmen, dass Diesner einen Mazda fuhr, für den er zwei verschiedene Nummern benutzte: B-EX 8699 und ST-MM 351. Die Unterlagen hatten auch Aufschluss darüber gegeben, dass er einen Bullterrier besaß.

Als die Ärzte im Köpenicker Krankenhaus Klaus Baltruschats zerfetzten linken Unterarm amputierten, war der Täter, begleitet von seinem Hund, schon unbehelligt auf der Flucht und steuerte seinen Wagen auf der Autobahn nach Norden.

In Berlin hatte sich inzwischen einiges getan. Die Berliner PDS-Vorsitzende, Petra Pau, war aus der Parteizentrale im Karl-Liebknecht-Haus zum Schauplatz des Verbrechens nach Marzahn gefahren und hatte sich dort informiert.

Kurz nach ihrer Rückkehr hatte in ihrem Büro das Telefon geklingelt. Die Sekretärin, die den Hörer abgehoben hatte, warf ihn kreidebleich sofort wieder auf die Gabel. Eine jugendliche männliche Stimme hatte gesagt: „Schade, dass das heute früh nicht geklappt hat." Und: „Wer Gewalt sät, wird Gewalt ernten."

Unterdessen war Petra Pau auch informiert worden, dass über das von Rechtsradikalen betriebene sogenannte „Nationale Info-Telephon" seit Tagen gedroht worden war: „Die Sache wird ein Nachspiel haben!"

Mit der „Sache“ war eine Tage zuvor stattgefundene rechtsradikale Demo in Hellersdorf gemeint.
Am späten Mittwochnachmittag hatte die Mordkommission die Ermittlungen an den Staatsschutz übergeben, ein Hinweis darauf, dass die Polizei inzwischen auch von einem Racheakt der Rechtsradikalen ausging. Am Abend wurde die Landesgeschäftsstelle der PDS unter Polizeischutz gestellt. Die Landesvorsitzende, Petra Pau, erhielt Personenschutz, vor dem Krankenzimmer Baltruschats zogen Polizeiposten auf.
Die Nachrichtenagentur AP verbreitete am 20. Februar um 15.33 Uhr zum wiederholten Mal eine Erklärung des Senatssprechers Michael Andreas Butz, der Senat würde „nicht dulden, dass die Stadt zum Tummelplatz radikaler Fanatiker wird“. Und fügte hinzu, der Senat warne vor Versuchen, „eine Spirale der Gewalt zwischen extremen politischen Lagern in Bewegung zu setzen.“
Formulierungen, die dem Vorgefallenen kaum Rechnung trugen.
Zu der schon erwähnten Vorgeschichte gehörte vor allem die von der NDP-Jugendorganisation „Junge Nationaldemokraten“ für den 15. Februar angemeldete Demonstration durch Hellersdorf. Der damalige Bürgermeister, Uwe Klett (PDS), hatte vor der Demonstration gewarnt und war von Abgeordneten anderer Parteien unterstützt worden. Die CDU-Fraktion hatte bereits am 30. Januar einen Dringlichkeitsantrag eingebracht, mit dem das Bezirksamt aufgefordert wurde, „den geplanten Aufmarsch von Neonazis und rechtsradikalen Gruppen am 15. Februar 1997 zu unterbinden“. Diese Forderung stand allerdings im krassen Widerspruch zu einer Erklärung des ebenfalls der CDU angehörenden Regierenden Bürgermeisters, Eberhard Diepgen, der die Hellersdorfer Forderung mit dem Hinweis beantwortet hatte: Es sei ein „rechtliches Missverständnis, wenn man meine, dass

man Demonstrationen verbieten kann. Auch für verwirrte politische Ideen dürfe man in Deutschland demonstrieren. Nur wenn die Verfassung verletzt oder Gewalt angewendet werde, könne man eine Demonstration untersagen."

Immerhin wurde die Demonstration der Neonazis in einen Saal verlegt und die Koordinierungsrunde aller Hellersdorfer Parteien, Gewerkschaften und sozialen Gruppen beschloss zwei Gegenaktionen. An der Brodauer Straße sollte eine Kundgebung und an der geplanten Marschroute der JN eine Gegendemonstration stattfinden. Mit dabei: Vertreter von CDU und SPD.

Eine Woche vor dem Aufmarsch bekannten sich zwei Senatoren, die Kaulsdorfer SPD-Abgeordnete Christine Bergmann und der Hellersdorfer CDU-Chef Elmar Pieroth, zur Bildung eines Bündnisses gegen die Aktion der Rechtsradikalen. Arbeitssenatorin Bergmann unterstrich, wie wichtig es sei, wenn die Hellersdorfer deutlich machten, dass sie solche Aufmärsche nicht dulden wollten. Wirtschaftssenator Pieroth sagte, die Hetze der JN gegen Ausländer sei diffamierend und nicht hinnehmbar.

Zu der Kundgebung in der Brodauer Straße kamen 2.000 Teilnehmer. Einer der Redner war der Köpenicker Bürgermeister Ulbricht, der sich später allerdings nicht dazu hatte aufraffen können, Baltruschat im Krankenhaus zu besuchen.

Zahlreiche Sozial- und Christdemokraten beteiligten sich auch an der Demo zum S- und U-Bahnhof Wuhletal, wo der erwartete Zug mit den Rechtsradikalen allerdings erst eintraf, als die Auseinandersetzungen zwischen Rechts- und Linksradikalen sowie der Polizei bereits im vollen Gange waren.

Dass es überhaupt dazu hatte kommen können, war Entscheidungen des Innensenators, Jörg Schönbohm

(CDU), zuzuschreiben, der von der Bundeswehr als eine Art „Sonderbeauftragter" in den Osten abkommandiert worden war.
Am 3. Oktober 1990 hatte man ihm als „Befehlshaber des Bundeswehrkommandos Ost" die Auflösung der Nationalen Volksarmee der DDR übertragen, ab 1996 war er Innensenator von Berlin und seit 1999 Innenminister in Brandenburg.
Als Innensenator hatte er es schon im Zusammenhang mit der erwähnten Demo an konsequenten Entscheidungen mangeln lassen. In der linksliberalen Wochenzeitung „Freitag" hatte Michael Jaeger die Situation mit folgenden Worten beschrieben: „In Deutschland gab es CDU-Politiker, denen der Ausländerhass in den Kram passte, weil sich mit ihm im Rücken das Asylrecht abschaffen ließ. ...
Der Berliner Innensenator Schönbohm, CDU, gestattet eine Demonstration neonazistischer Jugendlicher, denn das Demonstrationsrecht sei heilig. In Magdeburg oder Potsdam wäre die Demonstration verboten worden. Es kommt im Bezirk Hellersdorf zu einer Gegendemonstration, initiiert von der dortigen CDU, unterstützt von SPD, PDS, Grünen und Gewerkschaften. Noch bevor die Gegendemonstration auf die Neonazis stößt, werden diese von linken Jugendlichen verprügelt. Wie reagiert der Innensenator? Er macht die PDS verantwortlich. Sie habe zu der Gegendemonstration aufgerufen. Die CDU fordert Disziplinarschritte gegen Uwe Klett, den von der PDS gestellten Bürgermeister. Kurz darauf taucht der Flintenschütze auf und streckt den Buchhändler nieder."
Die Suche nach dem Täter verlief weiter ergebnislos. Die Akte des flüchtigen, aber noch nicht identifizierten Schützen Kay Diesner verriet, dass er zur Organisation „Weißer Arischer Widerstand" gehörte. Die hatte schon im Januar 1994 Briefe mit Morddrohungen an die PDS

in Berlin-Weißensee verschickt. Zuständiger Kontaktmann der Internationalen Organisation für Deutschland war der später wegen eines Mordversuchs an einem Nigerianer zu acht Jahren Gefängnis verurteilte Carsten Szczepanski; ein Westberliner, der nach der Rückwende ins brandenburgische Klein Eichholz gezogen war. Er hatte 1991 eine rituelle Kreuzverbrennung in Halbe und 1993 ein Skinkonzert in Prieros organisiert, bei dem sich fast 1.000 Rechtsradikale versammelt hatten.

Der damals 24-jährige Diesner war schon seit Jahren in der rechten Szene zu Hause und gehörte längst zum inneren Zirkel der Berliner Führungsriege. Im August 1994 war er im Zusammenhang mit einer Heß-„Gedenkfeier" rechtskräftig verurteilt worden.

1996 hatte er sich eine Pumpgun aus Österreich beschafft. Ein Waffenexperte zu diesem Gewehr: „Pumpguns sind mehrschüssige Langwaffen, die Jagdgewehren ähneln. Im Unterschied zu Schrotflinten verfügen Pumpguns über ein Magazin, das nicht nur zwei, sondern mehrere Schüsse nacheinander zuläßt. Die Flinten können mit Schrot- oder Kugelmunition geladen werden. Die Waffe kostet zwischen 600 und 2000 Mark."

Diesner hatte sich für den Mordversuch an Baltruschat Schrotpatronen vom Kaliber 12 beschafft, sogenannte Brennecke-Geschosse, die normalerweise für die Wildschweinjagd eingesetzt werden.

Nach dem Überfall auf den Buchhändler und dem oberflächlichen Versuch der Polizei, seinen Aufenthalt zu ermitteln, war Diesner, ohne noch einmal behelligt zu werden, nach Flensburg gefahren. Dort war er am 22. Februar, also drei Tage nach der Tat, gesehen worden. Vermutlich, als er im Kreis Segeberg die Autonummernschilder stahl, die er dann an seinen Mazda schraubte.

Durch die schon ausgiebig beschriebene Nachlässigkeit

der Berliner Fahnder kam es dann zu der unseligen Katastrophe auf dem Parkplatz Roseburg.
Die beiden Streifenpolizisten Stefan Grage und Stefan Kussauer hatten an dem geparkten Mazda die gestohlenen Nummernschilder aus Segeberg entdeckt und festgestellt, dass in die Schilder frische Löcher gebohrt worden waren. Sicher, den Dieb der Nummernschilder vor sich zu haben, aber ahnungslos, dass es sich um den Berliner Schusswaffentäter handelte, stoppten sie ihren VW-Bus neben dem Mazda und wollten den schlafenden Diesner wecken. Als der Hund anschlug, erwachte der. Die Polizisten forderten ihn auf auszusteigen. Als sie ihn durch das heruntergelassene Fenster aufforderten, seine Autopapiere vorzuweisen, riss er die Waffe hoch und schoss. Grage wurde von den Kugeln in Hals und Nacken getroffen, schoss aber sterbend zurück und traf Diesner am Oberschenkel. Kussauer ließ sich aus dem VW-Bus fallen und flüchtete zur Autobahn, wo er LKW-Fahrer um Hilfe rief. Diesner raste mit seinem Wagen davon, verließ an der ersten Ausfahrt die Autobahn und versuchte, nach Lauenburg zu entkommen. Dort wurde er von alarmierten Streifenwagen gestellt und nach weiteren Schusswechseln in den Straßengraben gedrängt. Als man ihn überwältigte, hatte er noch 40 Schuss Munition bei sich.
Am dritten Märzwochenende war Klaus Baltruschat aus dem Köpenicker Krankenhaus entlassen worden. Die Polizisten, die vor dem Zimmer 256 postiert worden waren, wurden abgezogen. Erst hatte man Klaus Baltruschat eine Rehabilitationskur verweigert, nach einer Intervention des Arztes teilte die Berufsgenossenschaft mit, dass in einer Reha-Klinik an der Ostseeküste für drei Wochen ein Bett reserviert sei.
Der Buchhändler hatte in den knapp vier Wochen im Krankenhaus viel Besuch gehabt. Obwohl man ihm ungeachtet seines Appells, statt Blumen Geld für Kuba

zu spenden, Nelken, Tulpen oder Rosen mitgebracht hatte, kamen noch um die 5.000 DM zusammen, die er nach Kuba überwies.

Diesner wurde in einem Prozess, in dem er sich provozierend seiner Tat rühmte, zu lebenslanger Haft verurteilt.

Ein gutes halbes Jahr später hatte ich erfahren, dass Schönbohm Gast einer CDU-Versammlung in Marzahn sein würde, fuhr hin und nahm im Saal Platz. Der Senator rühmte in einer kurzen Rede das „Zusammenwachsen" der Berliner Polizei, wovon er sich bei einem Besuch in einem Revier überzeugt habe. Ich meldete mich während der anschließenden Diskussion lange vergeblich zu Wort, was mich nicht überraschte, denn niemand im Saal kannte mich. Als man mir endlich das Wort erteilte, gab ich eine Erklärung ab und stellte dem Senator eine Frage. Zunächst stimmte ich seiner Feststellung vom erfolgreichen „Zusammenwachsen der Deutschen" zu und versuchte das an unserer beider Schicksal zu demonstrieren: Schönbohm war nach Kleinmachnow gezogen und ich von dort von einem „Altbesitzer" vertrieben worden.

Meine anschließende Frage lautete: „Haben Sie sich je bei der Mutter des Polizisten Grage entschuldigt, deren Sohn durch die Schlamperei der Berliner Fahnder sein Leben verlor?"

Das Thema Kleinmachnow behandelte er ausgiebig und versicherte mehrmals, keinen Kleinmachnower vertrieben zu haben. Auf die Frage antwortete er: „Ich habe mich beim Innenminister von Schleswig-Holstein entschuldigt."

Zehn Jahre später erinnerte der „Tagesspiegel" (20. Februar 2007) an das Verbrechen: „Ein Neonazi schießt einen Buchhändler nieder, tötet und verletzt Polizisten: Ein Verbrechen, das in die Kriminalgeschichte eingeht. Zehn Jahre her, aber nicht vorbei für die Betroffenen ...

Das Rentnerpaar sitzt auf der wuchtigen Couch im Wohnzimmer und schwärmt vom Türkeiurlaub, der gerade erst ein paar Wochen zurückliegt. ‚Das war schön', sagt Klaus Baltruschat und nickt, ‚gesundheitlich bin ich voll da'. Wäre da nicht dieser Schmerz im linken Unterarm. Obwohl ihm doch der linke Unterarm fehlt. Der Phantomschmerz ist eine der Folgen jenes Tages vor genau zehn Jahren, genauso wie die Angst. Lange lauert sie im Verborgenen. Aber dann gibt es diese Momente, in denen sie mit aller Wucht hervorbricht. Wenn zum Beispiel Baltruschats Frau unerwartet in seinem Rücken auftaucht. Und auch sie wird die Angst nicht los. Käthe Baltruschat reagiert panisch, wenn sie zusammen unterwegs sind und sie ihren Mann aus den Augen verliert. Als ob sie beide immer noch mit dem Schlimmsten rechnen müssten. ..."
Der Überfall „war der Beginn eines Amoklaufs, der in die Kriminalgeschichte der Bundesrepublik als eines der härtesten rechtsextremen Verbrechen einging. Am Ende war Baltruschat verstümmelt, ein Polizist tot, ein anderer schwer verletzt. Der Täter: Kay Diesner, Neonazi. Ein Mann, der sich im ‚Endkampf' mit den Feinden der rechten Szene wähnte, mit den Linken, den Demokraten und dem Staat. Baltruschat ist Mitglied der von Diesner gehassten PDS und doch ein eher zufälliges Opfer. Diesner wollte die PDS bestrafen, nachdem Autonome in Berlin Rechtsextremisten verprügelt hatten. Über Baltruschats Buchladen hatte der PDS-Star Gregor Gysi ein Büro. Doch Diesner wartete nicht auf Gysi. Er wollte gleich das erste PDS-Mitglied töten, das am 19. Februar morgens ins Haus ging.
Nach den Schüssen steigt Diesner in seinen Mazda-Kombi. Mit der großkalibrigen Waffe, reichlich Munition und seinem Kampfhund ‚Willi' auf dem Rücksitz fährt der 24-jährige Berliner, Splitterschutzweste und

Patronengurt am Körper, ziellos durch Norddeutschland. Vier Tage irrt er herum, zapft an Tankstellen Benzin, ohne zu zahlen und rast weiter. Am 23. Februar folgt das grausige Finale.
Auf dem Parkplatz Roseburg an der Autobahn zwischen Hamburg und Berlin, 40 Kilometer östlich der Hansestadt, feuert Diesner auf zwei Polizisten, die ihn kontrollieren wollen. Polizeiobermeister Stefan Grage stirbt wenige Stunden später im Krankenhaus. Sein Kollege Stefan Kussauer überlebt einen Beinschuss und die Splittertreffer im Gesicht. Diesner liefert sich noch eine Verfolgungsjagd mit einem anderen Streifenwagen. Nach einer weiteren Schießerei wird er bei Lauenburg festgenommen. In zwei Prozessen verurteilte das Landgericht Lübeck den Neonazi zu lebenslanger Haft und hob eine besondere Schwere der Schuld hervor. Der zweite Prozess war notwendig, weil Diesners Anwalt mit der Revision Erfolg hatte. Denn auch der Bundesgerichtshof konnte dem ersten Urteil nicht entnehmen, ob Diesner zweimal oder dreimal auf Baltruschat geschossen hatte. Doch auch der neue Prozess endete für Diesner, der im Gericht zynisch und pöbelnd auftrat, mit der Höchststrafe. Wahrscheinlich muss Diesner mindestens das Doppelte der bereits abgesessenen zehn Jahre verbüßen. Völlig zu Recht, wie Ursula von Seitzberg findet. ‚Der darf nie wieder rauskommen.' Die Mutter des getöteten Polizisten versucht erst gar nicht, ihren Hass zu verbergen. Die hagere Frau, 67 Jahre alt, alleinstehend, lebt in Holstein, im Städtchen Eutin. Sie hat den Verlust des Sohnes nicht verwunden. ‚Er war mit Leib und Seele Polizist', von Seitzberg drückt ein Tempotuch an die Augen.
Sie musste ihre Arbeit als Verkäuferin in einem Supermarkt aufgeben. ‚Frau von Seitzberg, Sie sind psychisch so fertig, Sie gehen sofort in Rente', haben die Chefs

gesagt. Doch die Ruhe bekommt ihr auch nicht. Sie ist häufig krank, sie raucht viel. Immerhin brachte eine Psychotherapeutin sie davon ab, mindestens einmal am Tag zum Grab des Sohnes zu gehen. Also geht sie jeden zweiten. Außerdem besucht sie eine Trauergruppe, alle dort haben Angehörige verloren. Sie erzählen und singen, das gefällt von Seitzberg. Und es tut ihr gut, dass vor ein paar Tagen Bundestagsvizepräsidentin Petra Pau von der Linkspartei/PDS bei ihr war. Sie sind gemeinsam zum Grab des Sohnes gegangen.

Womit sich von Seitzberg überhaupt nicht abfinden kann, ist der Gedanke, der Mörder ihres Sohnes könnte in der Haft Privilegien genießen. Sie hat dem Leiter des Lübecker Gefängnisses geschrieben, ‚dass ich nicht begreife, dass Diesner mit Neonazis korrespondieren darf'. Sie hatte davon in einer Zeitung gelesen. Von Seitzberg bekam eine höfliche Antwort, die ihre Wut nicht dämpfte.

Auf dem Grabstein des toten Polizisten, er wurde nur 33 Jahre alt, steht schlicht ‚Warum'. Die Frage quält offenbar auch Grages damaligen Partner noch. Stefan Kussauer wurde am 1. Januar dieses Jahres pensioniert, mit Anfang 40. Mit den Medien will er nicht sprechen. Auch die Polizeidirektion Ratzeburg äußert sich nicht. ‚Er ist seelisch am Ende', sagt von Seitzberg. Sie hat ab und an Kontakt zu Kussauer.

Mit den Baltruschats aus Berlin hat sie sich angefreundet. Sie haben sich damals im Gericht kennengelernt, sie besuchen sich und telefonieren viel miteinander. So hat die Mutter erfahren, dass die Baltruschats altgediente Genossen sind, denen der Glaube an den Sozialismus damals Halt gab und es bis heute tut. Sie marschieren bei Demonstrationen gegen Neonazis mit und werben für eine Kampagne zum Verbot der NPD. Aktiv sein, das hilft. Klaus Baltruschat trainiert die Mädchen der Handballabteilung von Ajax Köpenick. ‚An der Wurfhand', sagt er und lacht, ‚fehlt ja nur der kleine Finger'. Die Arbeit im Buchladen hat er aufgegeben. Dennoch ist Diesner wie ein Schatten.

Um den Dunkelmann selbst ist es ruhig geworden. Im Gefängnis fällt er nicht weiter auf. ‚Es sind keine Beschwerden bekannt', sagt Günter Möller, Oberstaatsanwalt in Lübeck. Möller vertrat die Anklage gegen Diesner. Allerdings habe Diesner bislang auch nicht deutlich gemacht, ‚dass er seinen großen Irrtum einsieht'. Und er ist offenbar immer noch Neonazi. Ein Indiz: Auf der Homepage der braunen ‚Hilfsorganisation für nationale politische Gefangene und deren Angehörige' steht Diesner weiter in der Liste jener Häftlinge, die ‚Briefkontakt wünschen'.

Nicht mit Journalisten allerdings. Das habe Diesner immer abgelehnt, sagt der Anwalt Thomas Schüller, der den Neonazi in beiden Prozessen verteidigte.

An diesem Montag will Klaus Baltruschat seinen ‚zehnten Geburtstag feiern'. Er war ja so gut wie tot damals. Ursula von Seitzberg wird am Freitag, dem zehnten Todestag ihres Sohnes, zum Tatort fahren. Am Autobahnparkplatz Roseburg wird eine Metalltafel aufgestellt. Bislang erinnert ein kleines Holzkreuz an Stefan Grage. Die Mutter findet, es sieht aus, als sei er bei einem Autounfall gestorben."

UNVOLLSTÄNDIGE MORD-OPFER-LISTE (2)

HORST GENS (50)
Der Arbeitslose wurde am 22. April 1997 in Sassnitz (Mecklenburg-Vorpommern) von vier jungen Männern entführt, geschlagen und in einen Straßengraben geworfen. Die Täter kehrten später zurück und erschlugen ihn mit einem Feldstein.

AUGUSTIN BLOTZKI (59)
Am 8. Mai 1997 war der Arbeitslose in Königs Wusterhausen (Brandenburg) von einer Gruppe Rechtsextremisten zweimal innerhalb weniger Stunden in seiner Wohnung überfallen und zu Tode geprügelt worden.

MATTHIAS S. (39)
war am 23. September 1997 in Cottbus (Brandenburg) von einem 19-jährigen Skinhead erstochen worden, nachdem er den als „Nazisau“ bezeichnet hatte.

ERICH FISK
Am 23. September 1997 war der Obdachlose in Angermünde (Brandenburg) mit schweren Kopfverletzungen aufgefunden worden. Ein knappes Jahr später (30. August 1998) verstarb er im Krankenhaus, ohne noch einmal aus dem Koma aufgewacht zu sein.

GEORG V. (46)
war am 27. September 1997 vom selben Skinhead, der vier Tage zuvor Matthias S. erstochen hatte, in Cottbus (Brandenburg) ermordet. Angeblich hatte das Opfer Geldschulden bei ihm.

JOSEF ANTON GERA (59)

Dem Rentner waren am 14. Oktober 1997 in Gera (Thüringen) von einem 26-jährigen und einem 34-jährigen Skinhead mit einem Stahlrohr schwere innere Verletzungen zugefügt worden, denen er am 17. Oktober 1997 erlag.

JANA GEORGS (14)

Das Mädchen war am 26. März 1998 in Saalfeld (Thüringen) auf offener Straße von einem 15-Jährigen erstochen worden.

NUNO LOURENGO (49)

Am 4. Juli 1998 war der Zimmermann er von acht Männern im Alter zwischen 18 und 20 Jahren in Leipzig (Sachsen) zusammengeschlagen worden. Er starb am 29. Dezember 1998 in Portugal an den Folgen der Verletzungen.

FARID GUENDOUL (OMAR BEN NOUI) (28)

Der Asylbewerber war in der Nacht zum 13. Februar 1999 in Guben (Brandenburg) von einer Gruppe junger Rechtsextremisten durch die Stadt gejagt worden, trat in seiner panischen Angst in eine Glastür und zog sich tödliche Verletzungen zu. Der Prozess gegen die Täter dauerte 17 Monate, die Urteile wurden vom BGH annulliert, am Ende wurde der Haupttäter zu zwei Jahren Jugendstrafe verurteilt. Einer der Täter kandidierte bei den Kommunalwahlen für die NPD. Der Gedenkstein für Ben Noui wird ständig beschmiert.

PATRICK THÜRMER (17)

Der Lehrling war in der Nacht zum 2. Oktober 1999 von rechten Skinheads bei einem Punkfestival in Hohenstein-Ernstthal (Sachsen) angegriffen worden. Ihm und einem

Freund gelang es zunächst, zu einem in der Nähe gelegenen Bauernhof zu flüchten. Später wurde er dort von drei Hooligans, die ihn verfolgt hatten, mit einer Axt und einem Billardqueue bewusstlos geprügelt. Am nächsten Morgen fanden ihn Anwohner. Er starb wenige Stunden später im Krankenhaus.

KURT SCHNEIDER (38)
Der Sozialhilfeempfänger wurde in der Nacht zum 6. Oktober 1999 von vier Skinheads in Berlin-Lichtenberg zu Tode gequält.

BERND SCHMIDT (52)
Der Obdachlose wurde in einer Baracke in Weißwasser (Sachsen) von zwei 15-jährigen und einem 16-jährigen Jugendlichen zu Tode geprügelt. Sie forderten 900 DM für ein Moped von ihm, die Schmidt nicht zahlen konnte. Er starb nach dreitägigen Misshandlungen am 31. Januar 2000 an Hirnblutungen und an einer Lungenentzündung, die er sich durch das Einatmen von Blut zugezogen hatte.

MÖRDER FREIGESPROCHEN

Am 29. April 2000 war Helmut Sackers im Treppenhaus seines Wohnhauses von einem Mitbewohner durch Messerstiche ermordet worden. Was dem vorausgegangen war, hatte „linksnet" so beschrieben: „Am Abend des 29. April 2000 hatte der Rentner Helmut Sackers den Notruf der Halberstädter Polizei gewählt. Um 22 Uhr war das Gespräch dort automatisch aufgezeichnet worden: ‚Bei uns im Haus werden Nazi-Lieder gespielt, Horst-Wessel-Lied, ganz laut.' Eine Polizeistreife machte sich auf den Weg. Vor Ort wollten die Beamten keine Nazi-Musik gehört haben. Sie hätten die Texte nicht verstehen können, behaupteten sie später. Die Beamten ermahnten Andreas S., der in der Wohnung über Sacker wohnte, die Musik leiser zu drehen. Sackers drohte für den Wiederholungsfall mit einer Strafanzeige.

Eine Stunde später war er tot. Verblutet an vier Messerstichen, erlitten im Treppenhaus.

Andreas S. behauptete, in ‚Notwehr' zugestochen zu haben. Er sei im Treppenhaus gewesen, um einen Freund zu verabschieden. Im Eingangsbereich habe Sackers seinen Hund auf ihn gehetzt und ihn mit Schlägen attackiert.

Andreas S. kam kam mit dieser Darstellung des Geschehens im November 2000 vor dem Landgericht Magdeburg durch. Am Ende plädierte sogar die Staatsanwaltschaft auf Freispruch.

Anhaltspunkten für eine rechtsextreme Motivation der Tat wurde nicht nachgegangen. Dass bei Andreas S. über 80 CDs mit Nazi-Musik, Kassetten und Videos, in denen offen zum Mord an ‚Roten' aufgerufen wurde, und 90 aktuelle Hefte mit Neonazi-Propaganda in der Wohnung gefunden worden waren, war vom Landgericht

Magdeburg nicht berücksichtigt worden. Auch dass der heute 33-jährige Anfang der 1990er Jahre im Umfeld einer rechten Clique verkehrte, die Linke und Ausländer angriff, spielte keine Rolle.“

Nach dem Freispruch hatten die Angehörigen des Opfers – seine Lebensgefährtin, seine Schwester, seine erwachsenen Kinder – mit Unterstützung der Mobilen Beratung für Opfer rechtsextremer Gewalt vor dem Bundesgerichtshof ein Revisionsverfahren angestrengt. Der BGH hob im Sommer 2001 das Urteil auf. Am 31. August 2004 begann der Revisionsprozess vor dem Landgericht Halle. Auch hier wurde Helmut Sackers nicht als Opfer rechter Gewalt betrachtet. Der eindeutig rechtsextreme Hintergrund der Tat wurde weitgehend ignoriert. Beweisanträge der Nebenklage, bei Andreas S. aufgefundenes rechtes Propagandamaterial im Prozess zu berücksichtigen, ließ das Gericht nicht zu.

Die Strafkammer des Landgerichts Halle akzeptierte einen Ablauf der Mordtat, der phantastisch klang: Andreas S. habe den 60-jährigen Sackers im Treppenhaus als ‚Kommunist‘ bezeichnet, ihm mit zwei gezielten Faustschlägen ins Gesicht geschlagen, wobei Helmut Sackers das Nasenbein brach, und anschließend viermal auf ihn eingestochen.

Als unwahr bewertete das Gericht die Behauptung des Angeklagten und seiner Ehefrau, Sackers habe seinen Hund auf ihn gehetzt. Es schloss sich damit dem Sachverständigen an, der die Aussage von Sackers’ Lebensgefährtin bestätigte, dass das relativ kleine, übergewichtige und zudem eher ängstliche Tier dazu gar nicht in der Lage gewesen sei.

Detailliert wies das Gericht in sieben Punkten nach, dass Andreas S. und seine Frau – die einzige Entlastungszeugin des Angeklagten – die Unwahrheit gesagt hatten. Im entscheidenden Punkt aber hielten die Richter die Aus-

sage des Angeklagten für glaubhaft: Er habe Angst gehabt, von dem – unbewaffneten und ihm körperlich unterlegenen – Rentner die 1,43 m hohe Kellertreppe hinunter gestoßen zu werden, und sich deshalb mit dem Messer gewehrt.
Das Gericht akzeptierte die Tat als ‚intensiven Notwehrexzess', da der Mörder schon als Kind misshandelt worden sei. Zudem befände er sich in einer ‚labilen psychischen Situation', seit er 1991 von einem Unbekannten mit einem Messer verletzt worden sei. Vor diesem Hintergrund fand es dann das Gericht auch nicht ungewöhnlich, dass Andreas S. ein 15 cm langes Messer mit sich geführt hatte, obwohl er angeblich nur einen Freund verabschieden wollte. Der Mörder wurde freigesprochen.
Der Staatsanwalt hatte sechs Jahre Haft beantragt und ging nach der Urteilsverkündung in Revision. Bald darauf zog er sie jedoch zurück – auf Weisung der Generalstaatsanwaltschaft.
Selbst Bundestagspräsident Wolfgang Thierse bezeichnete das Urteil als skandalös und nannte es entmutigend für alle, die mit Courage gegen Rechtsextremisten angehen wollen.
Um das Maß voll zu machen: Die Angehörigen von Helmut Sackers müssen die Gerichtskosten bezahlen, die sich auf etwa 20.000 Euro belaufen. Anspruch auf Unterstützung aus dem Opferfonds der Bundesregierung? Besteht nicht. Eine Sammlung ergab Spenden von rund 9.000 Euro.
Alles in allem ein Paradebeispiel für den Nicht-„Unrechtsstaat"!

UNVOLLSTÄNDIGE MORD-OPFER-LISTE (3)

DIETER EICH
Der Sozialhilfeempfänger wurde am 25. Mai 2000 von vier rechten Jugendlichen, die sich vorgenommen hatten, „einen Assi zu klatschen“, in seiner Wohnung in Berlin-Pankow zusammengeschlagen und erstochen.

FALKO LÜDTKE (22)
wurde am 31. Mai 2000 in Eberswalde (Brandenburg) von einem Angehörigen der rechten Szene vor ein Taxi gestoßen und von diesem überfahren. Er erlag seinen Verletzungen.

ALBERTO ADRIANO (39)
wurde am 14. Juni 2000 in der Nähe des Stadtparks in Dessau (Sachsen-Anhalt) von drei rechten Jugendlichen bewusstlos geschlagen, anschließend in den Park gezerrt und weiter geprügelt, bis Polizei eintraf. Drei Tage später starb er an seinen Verletzungen.

KLAUS-DIETER GERECKE (47)
Der Obdachlose wurde in der Nacht zum 24. Juni 2000 in Greifswald (Mecklenburg-Vorpommern) erschlagen.

JÜRGEN S. (52)
Der Obdachlose wurde am 9. Juli 2000 von fünf Rechtsextremisten in einem Abrisshaus in Wismar (Mecklenburg-Vorpommern) mit Schlägen und Tritten so schwer misshandelt, dass er wenig später seinen Verletzungen erlag.

NORBERT PLATH (51)
war ebenfalls obdachlos und wurde am 27. Juli 2000 in

Ahlbeck (Mecklenburg-Vorpommern) von vier jungen Rechtsextremisten zu Tode geprügelt.

ECKHARDT RÜTZ (42)
Der Obdachlose war am 25. November 2000 in Greifswald (Mecklenburg-Vorpommern) vor der Mensa der Universität von drei rechten Skinheads mit Baumstützpfählen zusammengeschlagen worden. Er starb einen Tag später an seinen schweren Kopfverletzungen.

WILLI WORG (38)
wurde am 25. März 2001 wurde in Milzau (Sachsen-Anhalt) von fünf Männern, von denen mindestens drei zur rechten Szene gehörten, vor einer Diskothek zusammengeschlagen. Drei Tage später erlag er seinen Verletzungen.

FRED BLANKE (51)
Der Frührentner war am 26. März 2001 in seiner Wohnung in Grimmen (Mecklenburg-Vorpommern) von zwei jungen Männern aus der rechten Szene angegriffen worden. Sie traten ihn und schlugen ihn mit Stuhlbeinen und Fäusten, nachdem er sich geweigert hatte, den Angreifern Geld für eine Sauftour zu geben. Er starb an Gehirnblutungen.

MOHAMMED BELHADJ (31)
Der Asylbewerber war am 22. April 2001 in der Nähe von Jarmen (Mecklenburg-Vorpommern) von vier Männern erschlagen worden. Sie hatten Drogen von ihm verlangt und ihn in ihr Auto gezerrt. Anschließend brachten sie ihn zu einem Kiessee, wo sie ihm mit einen Stein auf den Kopf schlugen und damit tödlich verletzten.

KAIRAT BATESOV (24)
Der Aussiedler war am 4. Mai 2001 zusammen mit einem

Freund in Wittstock (Brandenburg) von jungen Männern verprügelt worden. Dann warf man ihm einen 18 kg schweren Feldstein auf die Brust. Am 25. Mai 2002 erlag er seinen Verletzungen.

KLAUS-DIETER HARMS (61)
wurde am 9. August 2001 von zwei Männern in seiner Wohnung in Wittenberge (Brandenburg) zu Tode geprügelt. Dem Gerichtsurteil zufolge hielten die Täter ihn wegen seiner Behinderung und seines Alkoholismus für „minderwertig".

DIETER MANZKE (61)
der Alkoholiker war, wurde am 9. August 2001 von fünf jungen Männern in einem Gartenbungalow in Dahlewitz (Brandenburg) erschlagen. Die Täter behaupteten, dass sie durch ihre Tat „Ordnung schaffen wollten".

KLAUS DIETER LEHMANN (19)
Der geistig und körperlich Behinderte hatte am 15. Mai 2002 zwei betrunkene Naziskins in Neubrandenburg (Mecklenburg-Vorpommern) in seine Wohnung eingeladen. Nachdem sie dort Poster afroamerikanischer Hip-Hop-Sänger von den Wänden gerissen hatten, gingen sie mit ihm zu einem See, wo sie ihn, angeblich weil er sie „genervt" hatte, zu Boden schlugen. Einer der Naziskins zertrümmerte ihm mit Tritten den Kopf.

RONALD MASCH (29)
Der Dachdecker war am 1. Juni 2002 bei einem Raubüberfall von vier Rechtsextremisten in der Nähe von Neu Mahlisch (Brandenburg) umgebracht worden. Sie verprügelten ihn und danach stach einer der Täter etwa 40-mal auf ihn ein. Der Fahrer eines Mähdreschers fand die Leiche elf Tage später.

MORD NACH FILMVORLAGE

An dieser Stelle der Mordliste folgte der Name des MARINUS SCHÖBERL. Der Mord geschah in Potzlow, fernab aller Orte, denen der Ruf anhängt, Zentren krimineller Gewalt zu sein. Die über 700-jährige Geschichte des Ortes zehn Kilometer südlich von Prenzlau hatte bis 2003 kein spektakuläres Verbrechen in ihren Chroniken aufzuweisen.

Touristen, die es in diese Gegend verschlug, parkten ihr Auto vornehmlich am Marktplatz, vor allem um die Rolandssäule aus der Nähe zu betrachten oder sie zur Erinnerung zu fotografieren.

Auch für Pferdefans ist Potzlow eine gute Adresse. Der Pferdehof Ruhnau mit eigenem Spring- und Dressurparcours war stark frequentiert. Eine weitere Attraktion ist der 58 km lange Wanderweg, der an Angelrevieren vorüberführt und Radlern viele attraktive Ziele bietet. Kurzum: Selbst eine viertklassige Reklameagentur wäre jederzeit bereit, für Potzlow zu werben.

Das galt allerdings nur bis zum Jahr 2002, denn da verdüsterte ein entsetzlicher Mord den Namen Potzlow. Ein Mord, so grausam, dass er das uckermärkische Dorf in die emotionale Nähe von Chicago geraten ließ, jenen Teil der US-amerikanischen Metropole wohlgemerkt, in dem gnadenlos getötet wird, wenn es ein „Pate“ befiehlt oder eine Gang Dealer jagt, die die Schutzgebühr schuldig geblieben sind.

Oberstaatsanwalt Gerd Schnittcher aus Neuruppin sagte in der Verhandlung gegen die Täter von Potzlow, dass es sich um einen Mord handelte, der „so grausam ist, dass man die Einzelheiten auch nicht ansatzweise schildern kann“.

Das Verbrechen geschah mitten in dem verträumten

uckermärkischen Dorf, das garantiert noch nie ein „Pate“ betrat und in dem auch keiner der 579 Einwohner auf die Idee käme, von einem Mitbürger Schutzgeld zu fordern. Mithin: Das Unbegreifliche dieses Mordes begann schon beim Schauplatz.

Erhärten lässt sich diese Feststellung noch durch die Erwähnung der Tatsache, dass bis zum Ende der DDR hier eine Landwirtschaftliche Produktionsgenossenschaft existierte, deren Entstehung von den heutigen Geschichtsschreibern zwar gern mit dem Schlagwort „Zwangskollektivierung“ geächtet wird, die aber nie irgendwelche Ambitionen zu kriminellem Tun aufkommen ließ. Sie bot Potzlowern und Bewohnern nahe gelegener Dörfer Arbeitsplätze und zwang niemanden, die Heimat zu verlassen und sich in der Ferne einen suchen zu müssen.

Was immer es an dieser Vergangenheit auszusetzen gab – die Gegenwart kann nicht darauf verweisen, verhindert zu haben, dass plötzlich Frust im Dorf zu keimen begann und die gern gerühmte uckermärkische Gelassenheit rarer wurde. So mancher Enttäuschte, der mit der eindeutig raueren Gegenwart nicht zurande kam, versuchte dem Unbehagen mit Alkohol beizukommen, und schnell erwies sich, dass vor allem Jüngere in dieser Hinsicht Eifer entwickelten.

Mit dem alkoholisierten Frust wuchs nicht nur allgemeine Unzufriedenheit, es kamen auch gefährliche Parolen auf und Schritte hin zu den Neonazis folgten. Deren Schar formierte sich. Aus Potzlow geriet eines Tages der 24-jährige Marco S. als deren aktiver Mitläufer vor die Schranken des Gerichts, wurde verurteilt und in eine Justizvollzugsanstalt eingewiesen. Um jedem Missverständnis vorzubeugen: Marco S. kam aus einem Elternhaus, in dem man sich verantwortungsbewusst um die Kinder – also auch um Marcos Bruder Marcel – gekümmert hatte. Diese Feststellung wird auch nicht dadurch gemindert, dass Marco die Schule nach der siebenten Klasse verlassen und Marcel auch nur die achte geschafft hatte. Andererseits darf nicht übersehen werden: In der Nach-Wende-Situation führte solche Ausgangsbasis zu denkbar schlechten Startbedingungen für Aussichten auf ein halbwegs erfolgreiches Leben. (Hirnlose politische Sprüche wie die, dass ein „Ruck“ genügt, um voranzukommen, oder dass jeder Arbeit findet, wenn er nur emsig genug sucht, helfen bekanntlich niemandem.)

2002 hatten sich für Marco die Gefängnistore wieder geöffnet. Und zwar wenige Tage vor jenem unseligen 12. Juli, an dem er mit seinem 17-jährigen Bruder Marcel zu einer Potzlow-Sauftour aufbrach. Von Marcel wurde erzählt, dass er sich besonders emsig rechts gebärdete, wenn der große Bruder in der Nähe war. Der 17-jährige Sebastian F. gesellte sich zum Duo. Er war ein Schulfreund von Marcel und plapperte auch gern rechte Sprüche. Die drei hörten bei ihrer Party Neonazi-Musik und drehten sie auf volle Lautstärke. Die Zahl der geleerten Flaschen nahm rapide zu.

Unerwartet stieß der 16-jährige Marinus zu ihnen, auch ein Schulfreund von Marcel. Unerwartet, weil seine Eltern schon vor einiger Zeit in ein Nachbardorf gewechselt waren. Es zog ihn aber immer mal wieder nach Potzlow, wo er vertraute Kumpel traf. Marinus litt – übrigens wie Marcel – unter Sprachstörungen, begann zu stottern, sobald er sich erregte, und besuchte deswegen eine Förderschule in Templin.

Als Marinus noch in Potzlow wohnte, hatten er und Marcel viel Zeit miteinander verbracht, gemeinsam an ihren Mofas gebastelt, am Bauwagen vor den Schweineställen ihr Bier getrunken und dabei gern den Blick auf den See genossen. Beide begeisterten sich für Hip-Hop-Musik. Wenn ihr Geld nicht reichte, um ein Konzert in der Nähe

zu besuchen, beschaffte sich Marinus einen Flyer der Band und dekorierte damit sein Kinderzimmer.
Marinus war den Gedanken jener Zeit treu geblieben und trug noch immer seine weiten Hip-Hop-Hosen, wie sie bekanntlich gern von Linken getragen werden. Er hatte sich die Haare blondieren lassen, was ihn ebenfalls von den Rechten unterschied, die sich mit Vorliebe die Köpfe scheren ließen. Das galt auch für Marco und Sebastian, die sich bei einer sogenannten Fördermaßnahme näher kennen gelernt hatten. Das Quartett bot also ungeachtet der gemeinsamen Sympathie für den Alkohol kein einheitliches Bild.
Nie konnte restlos aufgeklärt werden, worüber die vier an jenem Abend eigentlich geredet hatten, aber anzunehmen ist, dass auch ein Zusammenstoß Thema war, bei dem Marco wenige Tage nach seiner Haftentlassung wegen rechter Sprüche Prügel bezogen hatte. Im Nachbarort Strehlow existierte ein stark frequentiertes Jugendzentrum, in dem auch Marcel verkehrte. Ina S., die Vorsitzende der Kindervereinigung Strehlow e.V., die in dem Zentrum das Sagen hatte, erinnerte sich, dass er „oft gekommen sei", und bestätigte, dass man sich „gut mit ihm unterhalten" konnte. Einem Journalisten gab sie die Auskunft, dass die Familie mit den Brüdern keine Probleme zu haben schien. Bürgermeister Peter F. bekräftigte den durchaus positiven Eindruck der Brüder mit den Worten: „Beide waren immer sauber und ordentlich gekleidet." Man war sich aber auch darin einig, dass die Eltern mit Marcos rechtsextremen Ansichten Probleme gehabt haben dürften.
Das Quartett setzte an jenem Abend seine „Sause" anderen Orts fort. Die vier tranken bei einem Alkoholiker, dessen Lebensgefährtin am Tag zuvor verstorben war. Der war demzufolge kein idealer Partner für lärmende Säufer, was die vier bewog, schon bald grölend weiterzuziehen.

Sie landeten auf einer einschlägig bekannten Veranda. Dort trafen sie ein ebenfalls dem Alkohol zusprechendes Pärchen. Dessen Vorräte schienen umfänglich genug, um für die sechs noch eine Weile zu reichen.
Im Prozess konnte nicht geklärt werden, was der konkrete Anlass für einen plötzlich losbrechenden Streit gewesen sein könnte.
Er soll damit begonnen haben, dass einer aus der Runde Marinus verspottete. Die beiden anderen sollen abfällige Sprüche über seine Hosen beigesteuert haben. Marinus' „linkes“ Outfit könnte die Kontroverse ausgelöst haben. Es sollen nur Minuten vergangen sein, bis unkontrollierter blinder Hass gegen ihn losbrach. Marco, Marcel und Sebastian fielen mit Hieben über ihn her. Plötzlich kam einer auf die Idee, ihn zu zwingen, laut zu erklären: „Ich bin ein Jude.“
Er weigerte sich.
Sie schlugen hemmungslos weiter und verlangten dann, er solle wenigstens sagen: „Ich bin ein Judas!“
Es bedürfte eines versierten Psychiaters, um diese Situation zu analysieren. Klar war: „Jude“ schien den dreien das treffendste „Geständnis“ für einen undeutschen Paria. Offensichtlich kannten sie kein ärgeres Schimpfwort.
Aber wie hatte es im uckermärkischen Dorf Potzlow zu diesem antisemitischen Exzess kommen können? Bis heute fand niemand eine Antwort.
Da sich Marinus geweigert hatte, „minderten“ sie das „Urteil“ von „Jude“ zu „Judas“.
Daraus ließ sich folgern: Ein Judas musste in ihren Köpfen nicht unbedingt ein Jude sein, und der Verrat des Judas wog in ihrem Hirn nicht so schwer wie die Zugehörigkeit zum Volk der Juden!
Wo konnten solche Gedanken entstanden sein?
Rechte beschimpfen Linke zuweilen als „Zecken“, stei-

gern sich auch schon zur „Kommunistensau". Diese Vokabeln gerieten nachweisbar erst nach 1990 in Neufünfland in Umlauf, wurden auch in dort verbreiteten Medien benutzt. Hinzu kamen die unsäglichen Bemühungen der neuen Obrigkeit, DDR und Faschismus auf eine Stufe zu stellen. Überlieferte Geschichtsbilder gerieten durcheinander. Indes: Der Missbrauch des Begriffs „Jude" als Schimpfwort setzte faschistischen Antisemitismus voraus. Fazit: Der war inzwischen auch in Neufünfland aufgetaucht und wurde von der Justiz nicht mehr annähernd so energisch verfolgt wie in den Jahren der DDR. Versuche, das zu leugnen, ließen sich mühelos widerlegen.

Weil Marinus sich auch nicht zum „Judas" bekennen wollte, schlugen die drei weiter auf ihn ein. Die außer den vieren noch anwesenden Trinker sahen weg. So eskalierte die Katastrophe. Als Marinus hilflos am Boden lag, öffneten sie ihm mit Gewalt den Mund und flößten ihm Schnaps ein. Sie schlugen weiter, bis er wieder bewusstlos war. Dann urinierten sie johlend auf sein Gesicht.

Zum Prozess hatte man die beiden anderen Trinker jenes Abends als Zeugen geladen. Es drohte ihnen ein Verfahren wegen unterlassener Hilfeleistung. Eine gewisse Monika hatte Polizisten bei der ersten Vernehmung gestanden, blanke Angst habe sie daran gehindert, Nachbarn zu alarmieren. Hätte sie es getan und einige Beherzte – von denen es in Potzlow sicher genug gibt –, wären eingeschritten, könnte Marinus heute noch am Leben sein.

Vor Gericht aber ließ diese Monika nicht erkennen, dass sie irgendwelche Schuldgefühle empfand. Auf eine entsprechende Frage des Gerichts antwortete sie kess: „Ick hab' Bier getrunken, det kann mir keener verbietn." Und behauptete dann, die Prügelei gar nicht wahrgenommen zu haben. Ähnlich reagierte der sechste in der Runde, ein gewisser Burkhard.

Irgendwann hatten die drei von Marinus abgelassen. Vielleicht, weil ihr Hass ermüdet war. Das blutüberströmte Opfer hatte schwere innere Verletzungen davongetragen. Die Schläger trollten sich. Auch zu diesem Zeitpunkt bestand noch eine minimale Überlebenschance für Marinus, aber niemand schlug Alarm.

Als das Trio schon einen Teil seines Heimwegs hinter sich hatte, kam ihm urplötzlich in den Sinn, umzukehren und dem Opfer „den Rest" zu geben. Sie schleppten den leblosen Marinus aus der Veranda einen Hügel hinauf zu den Schweineställen der einstigen LPG. Jenem Ort also, an dem sie früher oft zusammengesessen und geklönt hatten.

Vor Gericht behaupteten sie, sich nicht erinnern zu können, was dort vorgegangen war. Die gerichtsmedizinischen Untersuchungen ergaben, dass sie weiter wie wild auf ihn eingeprügelt haben müssen und ihn mit Fußtritten auf Körper und Kopf malträtierten.

Trotz allen Alkoholnebels kam ihnen plötzlich eine Filmszene in den Sinn, über die in ihren Kreisen ausgiebig und begeistert geredet worden sein soll, nachdem der Film etwa zwei Wochen vorher im Fernsehen gelaufen war. Es handelte sich um „American History X" und die bewusste Szene zeigte, wie ein Nazi einen Schwarzen zwang, in einen Bordstein zu beißen, ihm dann ins Genick sprang und so das Rückgrat zertrümmerte.

Das wollten sie nun auch mit Marinus praktizieren. Es war kein Bordstein ringsum, aber sie meinten, dass ein alter Schweinetrog den gleichen Dienst erweisen könnte. Also prügelten sie Marinus wieder hoch, trugen ihn zum Schweinetrog, öffneten ihm gewaltsam den Mund, damit er – so wie im Film – hineinbeißen konnte, und dann sprang ihm Marcel ins Genick. Marco riet seinem Bruder, Marinus „vorsichtshalber" noch mit einem Stein den Hinterkopf zu zertrümmern. Sie waren auch noch nüchtern genug, um darüber nachzudenken, dass man den Leichnam verschwinden lassen müsste, und verscharrten ihn in der alten Jauchegrube. Dann gingen sie nach Hause und legten sich schlafen.

Das geschah in der Nacht zum 13. Juli 2002. Marinus wurde am nächsten Morgen vermisst und von der Polizei gesucht. Ohne Erfolg. Später ermittelte man, dass mindestens elf Personen von der Untat gewusst, aber mit der Konsequenz von Mittätern geschwiegen hatten.

Wochen gingen ins Land, Marinus blieb spurlos verschwunden.

Eines Tages eröffnete Marcel Freunden, dass er ihnen die Leiche zeigen würde, wenn sie 25 Euro für ihn sammeln würden.

Eine Leichenschau mit Eintrittskarte!

Da im Dorf genügend Gerüchte umliefen, wollten der 18-jährige Martin und die gleichaltrige Madeleine die Wahrheit erfahren, zahlten die Summe und folgten in einer der folgenden Nächte Marcel hinauf zum Schweinestall. Madeleine erinnerte sich vor Gericht, dass der dort mit einer Schaufel im Licht einer Stablampe auf Anhieb das Skelett fand. „Er nahm die Axt und schlug ein paar Mal auf den Schädel ein.“ Martin fügte hinzu, dass er dabei immer wieder „Scheiß-Schädel“ gebrüllt habe. Madeleine: „Wir dachten, der dreht gleich komplett frei.“

Marcel drohte den beiden, dass sie das gleiche Schicksal erleiden würden wie Marinus, wenn sie nur einen Laut darüber verlieren würden.

Vier Monate und vier Tage lagen zwischen dem grausamen Mord und dem Tag, an dem sich der 16-jährige Matthias und der 15-jährige Daniel auf den Weg zum Schweinestall machten, dort fanden, was man ihnen erzählt hatte, und die Polizei benachrichtigten.

Als sie vor Gericht gefragt wurden, was sie letztlich dazu

bewogen hatte, gestanden sie: „Wir gingen aus Neugier dahin, wir konnten das einfach nicht glauben."

Die Polizei, die so lange erfolglos ermittelt hatte, zauderte nicht: In der folgenden Nacht wurden Marcus, Marco und Sebastian F. verhaftet.

Auch bei den Vorbereitungen für den Prozess entstanden keine Pausen.

Nicht angeklagt werden konnten die Schöpfer des US-amerikanischen Films, der die Tatvorlage geliefert hatte. Mehr als einmal wurde vor Gericht bestätigt, dass die Täter dem Leinwand-Szenario präzise gefolgt waren. Die Erkenntnis, dass Mordvorlagen per Leinwand und Fernsehschirm zur Anleitung wurden, war nicht neu, aber selten lagen die Aufführung eines Films und die tödliche Nachahmung zeitlich so nahe beieinander.

Wie auch immer: Die geistigen „Täter" wurden nicht belangt und wäre jemand auf die Idee gekommen, sie tatsächlich als Mitschuldige anzuklagen, hätten sie oder zumindest ihre Anwälte garantiert lautstark und unter Anführung zahlloser Paragraphen energisch protestiert.

Staatsanwaltschaft und Verteidigung waren sich vor dem Landgericht Neuruppin nahezu einig in der Feststellung, dass nirgendwo auch nur die Spur eines Motivs für diesen Mord zu entdecken gewesen war. Dass die Verteidiger bei ihrer aussichtslosen Aufgabe mit zuweilen absurden Argumenten aufwarteten, sollte man ihnen nicht verübeln.

Für die Staatsanwaltschaft war der Mord ein Symptom menschenverachtender rechtsextremer Gesinnung der Angeklagten. Die Täter hätten sich ein Opfer gesucht, das nicht in ihr nationalistisches Weltbild vom „idealen Deutschen" passte, und mit der Entscheidung, er sei ein „Jude", ein aus ihrer Sicht gerechtfertigtes „Todesurteil" verhängt, das sie dann auf unglaublich brutale Weise vollzogen.

Journalisten und – falls zugelassen – Kameraleute suchen in Gerichtssälen in solchen Situationen gern Anhaltspunkte für „Erklärungen" in den Gesichtern der Angeklagten. In diesem Fall wäre solch Bemühen aussichtslos gewesen. Stumm und blass saß das Trio auf der Anklagebank. Ein Verteidiger mühte sich, Marcel wenigstens nicht als kaltblütigen, seelenlosen Henker erscheinen zu lassen, und durchforschte das soziale Umfeld. Der Mörder sei abgeglitten, als die Eltern arbeitslos wurden und seine Mutter ihrer Krankheit nicht mehr Herr wurde. Niemand dürfte leugnen, dass solche Faktoren Seelenverfassungen beeinflussen, aber dieses Gewaltverbrechen war damit nicht zu „erklären". Der Anwalt führte auch die Enttäuschung ins Feld, die aufkam, als man Marcel und Sebastian wegen ihrer rechtsextremen Aktivitäten von einer Klassenfahrt der Bildungseinrichtung, die sie besuchten, ausschloss. Die Abhängigkeit Marcels von seinem älteren Bruder wurde auch als Grund genannt und der extreme Alkoholgenuss jener Nacht als „mildernd" ins Feld geführt.

Das Gericht nahm alles zur Kenntnis und blieb, ohne Begründungen dafür zu formulieren, unter den Anträgen der Staatsanwälte. Marcel wurde nach Jugendstrafrecht wegen Mordes aus niedrigen Beweggründen, gefährlicher Körperverletzung und vielfacher Nötigung zu acht Jahren und sechs Monaten Haft verurteilt. Die Staatsanwaltschaft hatte zehn Jahre Haft beantragt, die Verteidigung acht Jahre.

Marco, der bereits mehrfach wegen schwerer Körperverletzung vorbestraft war, musste für 15 Jahre ins Gefängnis.

Sebastian erhielt zwei Jahre Jugendhaft. In seinem Fall hatte die Staatsanwaltschaft 9 Jahre und 8 Monate Haft beantragt. Er wurde nach der Urteilsverkündung frei gelassen.

Die Richterin Ria Becker stellte in der Urteilsbegründung fest, dass die drei eindeutig einer rechtsextremen Motivation gefolgt waren. Das Gericht sei indes nicht überzeugt, dass in all den Stunden, in denen der Ermordete gequält worden war, bereits eine Tötungsabsicht erkennbar gewesen sei. Dieser Zweifel löste im Gerichtssaal Fassungslosigkeit aus.

Weiter die Richterin: Erst als Marcel sein Opfer in den Trog beißen ließ, habe sich der Mord angebahnt. Es war jedoch auch in dieser Phase immer noch unklar geblieben, warum Marcel diesen letzten Schritt gegangen sei. Allerdings erinnerte sie sich in diesem Zusammenhang des Films und gab allen Ernstes zu bedenken, ob Marcel vielleicht erleben wollte, wie man eine solche Tat empfindet.

In der „Süddeutschen Zeitung" (20. August 2004) hatte Annette Ramelsberger kommentiert: „Es war der brutalste Mord, den deutsche Rechtsradikale seit Jahren begangen hatten – ein Mord, der die Republik für kurze Zeit aufrüttelte, weil er blitzlichtartig die Motive erhellte, warum rechte Jugendliche Menschen töten: aus Langeweile, aus Rohheit. Und weil es offenbar vielen Menschen egal ist, was vor ihrer Haustür passiert.

Drei rechtsradikale junge Männer folterten im Sommer 2002 einen gerade 16 Jahre alten deutschen Jungen, der ein bisschen stotterte und dessen Hosen ihnen nicht gefielen, bis er zugab, ‚ein Jude' zu sein – obwohl er keiner war. Danach wurde der Junge grausam getötet und in der Jauchegrube versenkt.

Noch beunruhigender als dieser Mord aber waren die Reaktionen: Da sprach ein Bürgermeister davon, so etwas komme in der Großstadt jede Woche vor. Da ließ man die Familie des Opfers links liegen und beschwerte sich, wenn Sozialarbeiter sich in die Angelegenheiten der Dorfjugend einmischten, die sich – oft unter den Augen

der Eltern – um den Verstand säuft. Das Verfahren gegen die drei Angeklagten offenbarte eine Verrohung, die weit über den Kreis der Täter hinausreichte. Nachbarn waren bei den Misshandlungen dabei und taten nichts.
Eltern hielten es noch nicht einmal für nötig, ihren Urlaub im Süden abzubrechen und ihren Kindern beizustehen. Ein Urteil – so hofften viele – müsste diese Menschen doch aufrütteln.
Doch das Urteil war verwirrend: Die drei Angeklagten wurden nicht wegen gemeinschaftlichen Mordes verurteilt, sondern nur der jüngste, der mit seinen Springerstiefeln auf den Kopf des Opfers gesprungen war. Sein älterer Bruder wurde nur des Mordversuchs für schuldig befunden, der Dritte im Bunde durfte das Gefängnis sogar verlassen – er habe nur schwere Körperverletzung begangen. Der Mann konnte es offensichtlich selbst nicht fassen.
Gegen ihn wird jetzt erneut verhandelt werden. Das hat der Bundesgerichtshof in Leipzig gestern entschieden, und aus diesem neuen Prozess wird der Mann vermutlich nicht in die Freiheit gehen.
Ein juristischer Fingerzeig, auch die generalpräventive, also abschreckende Wirkung von Urteilen zu beachten. Der BGH lenkt die Aufmerksamkeit aber auch auf ein verdrängtes gesellschaftliches Problem. Seit die Welle brutaler Morde an Ausländern abebbte, unter anderem wegen des Fahndungsdrucks, geht die Bundesrepublik wieder zur Tagesordnung über. Doch die Rechtsradikalen bleiben ein Problem, gerade wenn man sie und ihre anhaltenden Taten nicht wahrhaben will. Das Wegsehen eröffnet den Extremisten Freiräume – vor allem in den neuen Ländern.
Auf dem Land dort sind rechte Jugendliche nicht mehr die Ausnahme, sondern vielerorts die Regel. Andersdenkende arrangieren sich entweder mit ihnen oder bleiben

isoliert. Auch das erklärt, warum der Mord von Potzlow lange unentdeckt blieb.
Überall in Ostdeutschland gibt es Zeichen, dass der Rechtsradikalismus immer noch viel Akzeptanz in der Bevölkerung findet. Für die NPD kandidieren Ärzte und Handwerker.
Auch in Potzlow regt sich niemand auf, wenn der Mann von der Feuerwehr in kurzer Hose und mit SS-Runen auf der Wade herummarschiert. Und längst schon sind die Braunen nicht nur tumb – in Brandenburg wurde gerade ein Abiturient als Kopf einer rechten Bombenleger-Bande gefasst.
Vermutlich schaut man erst wieder in die braune Ecke, wenn bei den Landtagswahlen in Sachsen und Brandenburg rechtsradikale Parteien viel stärker werden, als alle vermutet haben."
Einige Hinweise in der Münchner Zeitung trafen durchaus den Kern, wenn auch durchaus nicht alles aufgelistet worden war.
Eine linke Web-Seite (alternative termine & news für brandenburg) lieferte zusätzliche Hintergrundinformationen: „‚Wir werden von unserem Weg, dass Politik außer im Fach Politische Bildung nichts in der Schule zu suchen hat, nicht abgehen.' Steht in der Märkischen Oderzeitung vom 28. November 2002. Gesagt hat dies Herr Bretsch, Schulleiter der E.-Welk-Gesamtschule Angermünde in Reaktion auf erneute rechtsextreme Schmierereien an seiner Schule am letzten Wochenende. Herr Bretsch hat allerdings noch weitere Funktionen: er sitzt als SPD-Mitglied im Kreistag und ist seit Jahren Vorsitzender des Jugendhilfeausschusses. Seine Aussage ist deshalb nicht nur Ausdruck eines Klimas von Demokratiefeindlichkeit, Entpolitisierung, Unmündigkeit und Anpassung an vielen Schulen in der Uckermark, sondern symbolisiert ein wichtiges Prinzip von Jugendpolitik

hier. Wer aber ernsthaft nach den Ursachen für die schreckliche Tat in Potzlow suchen will, kann nicht bei allgemeinen Statements über die gesellschaftliche Verantwortung bei der Erziehung und Wertebildung von Jugendlichen stehenbleiben. Hier in der Uckermark kann jeder, der sehen will, einen Standpunkt zur Rolle von Schule und Jugendpolitik bei der Auseinandersetzung mit Rechtsextremismus und Rassismus formulieren."

Nachdem der Bundesgerichtshof das Neuruppiner Potzlow-Urteil an das Gericht zurückverwiesen hatte, kam es zu einem weiteren Verfahren, über das die „Berliner Zeitung" (22. Dezember 2004) berichtete: „Mehr als zwei Jahre nach dem brutalen Mord an dem 16-jährigen Marinus S. aus Potzlow (Uckermark) hat das Landgericht Neuruppin die Strafe für einen der drei Angeklagten verschärft. Die 1. Große Strafkammer erhöhte am Dienstag das Urteil für den 19-jährigen Mittäter Sebastian F. von zwei auf drei Jahre Jugendstrafe. Die Strafe von 15 Jahren Haft gegen den 24-jährigen Mitangeklagten Marco Sch. wurde bestätigt. ... ‚Die Urteile sind leider im Sinne der Angeklagten ausgefallen', sagte Thomas Weichert. Der Rechtsanwalt vertritt die Eltern des ermordeten Schülers. Der Fall hatte wegen seiner besonderen Brutalität bundesweit für Aufsehen gesorgt. ... Die Staatsanwaltschaft war gegen das ursprüngliche Urteil in Revision gegangen. Der BGH kritisierte aber nur das Strafmaß für zwei der drei Verurteilten, nicht aber den vom Gericht ermittelten Tatablauf. Nur die Verurteilung des Haupttäters Marcel Sch. zu achteinhalb Jahren Jugendhaft wegen Mordes wurde uneingeschränkt akzeptiert. ...

Marco Sch., der mehrfach vorbestrafte und alkoholabhängige 24-jährige Bruder des Hauptangeklagten, war bereits zu 15 Jahren Haft verurteilt. Aber das Gericht musste noch klären, ob er als notorischer Straftäter eine so große Gefahr für die Allgemeinheit darstellt, dass er zu lebenslanger Sicherungsverwahrung verurteilt wird. Das hatte Staatsanwalt Kai Clement gefordert. ... Das Gericht sah dies anders und folgte dem Antrag der Verteidigung und der Einschätzung des psychiatrischen Gutachters. ‚Marco Sch. wird zur Unterbringung in einer Entziehungseinrichtung verurteilt', sagte der Richter. Selbst wenn es in der Realität derzeit keine optimalen Therapieeinrichtungen gäbe, sei es ‚unverhältnismäßig', den Täter lebenslang in Sicherungsverwahrung abzuschieben, ohne eine Entziehungstherapie zu versuchen. Die ursprüngliche Strafe gegen den Mittäter Sebastian F. hatte der BGH als zu mild bemängelt. Grund: Der Rechtsextremist stand zwar beim eigentlichen Mord nur unbeteiligt daneben, war aber doch an den Misshandlungen unmittelbar davor beteiligt gewesen. Er müsse also wegen Körperverletzung mit Todesfolge verurteilt werden. Doch die vier Jahre, die der Staatsanwalt forderte, hielt Richter Wegner für zu hoch: ‚Drei Jahre sind im Jugendrecht für einen vorher nicht vorbestraften Angeklagten eine harte Strafe.'"

Und – diese Aussage ließ keinen anderen Schluss zu – „harte" Strafen waren bei diesem beispiellosen Mord nicht gefragt!

Die Atmosphäre im Gerichtssaal war schon im ersten Verfahren erschreckend deutlich geworden, als eine 17-jährige, die mit Marco befreundet und mit Marcel zum Tatort gegangen war, befragt worden war. Ihre Auskünfte blieben zwar einsilbig, aber als sie auf die Details zu sprechen kam, erfasste alle Schaudern.

„Marcel hat mit dem Fuß auf den Boden getrampelt. Ich hab dann wohl auf dem Oberkörper des Toten gestanden und auch was Hartes gefühlt." Die Richterin fragte, was die Zeugin denn tatsächlich gesehen habe. Sie schien sich gut erinnern zu können: „Einen Fuß. Und die Hose."

Marcel habe ihr über die Tat gesagt: „Es war'n geiles Gefühl."
Das Mädchen war aus der Haft vorgeführt worden. Einen Monat nach dem Mord hatte sie mit Marco in Prenzlau einen Afrikaner angegriffen.

UNVOLLSTÄNDIGE MORD-OPFER-LISTE (4)

HARTMUT BALZKE (48)
wurde am 27. Januar 2003 in Erfurt (Thüringen) von Rechtsextremisten angegriffen, als er seinen Sohn zu einer Punk-Party begleitete. Er stand mit einer Gruppe Punks auf der Straße, als man ihn überfiel. Er erlitt schwere Kopfverletzungen, an denen er zwei Tage später starb.

ENRICO SCHREIBER (25)
In der Nacht zum 29. März 2003 war er in Frankfurt/Oder (Brandenburg) in seiner Wohnung von drei Rechtsradikalen angegriffen worden. Sie misshandelten ihn so schwer, dass er wenig später seinen Verletzungen im Krankenhaus erlag.

OLEG V. (27)
In der Nacht zum 21. Januar 2004 war der Aussiedler in Gera-Bieblach-Ost (Thüringen) von drei der Skinheadszene zuzurechnenden Jugendlichen mit Schlägen, Tritten und Messerstichen so schwer verletzt worden, dass er an seinen Verletzungen starb.

DER AHNUNGSLOSE BÜRGERMEISTER

Potzlow ist von Templin rund 25 km Luftlinie entfernt. Nahe genug also, um sicher sein zu können, dass man in der 18.000-Einwohner-Stadt von jenem furchtbaren Mord an Marinus S. gehört hatte. Als Templin im Sommer 2008 durch eine kaum minder erschreckende Tat aufgeschreckt wurde, war das Potzlower Opfer sechs Jahre tot, das Ende des Verfahrens gegen die Mörder vier Jahre her, aber in der Stadt gab man sich so, als hätte sich die Tragödie im Potzlower Schweinestall auf einem anderen Kontinent zugetragen.

Am Abend des 21. Juli 2008 hatten der 22-jährige Christian W. und der 19-jährige Sven P. den 55-jährigen Bernd K. auf eine Weise umgebracht, dass auch in diesem Fall nur der Begriff „Hinrichtung" in Frage kam. In der Anklageschrift las man als „Befund": „Massive Tritte in den Kopfbereich, insbesondere auf das Gesicht, führten u. a. zu einer vollständigen Zertrümmerung des Mittelgesichtsskeletts ... Zahnab- und -ausbrüchen im Ober- und Unterkiefer ... Ferner wurden dem Opfer durch Schnitte mit einem abgebrochenen Flaschenhals mehrere Schnittwunden in der rechten Stirnregion, am linken Auge und über der Nasenwurzel beigefügt. Des weiteren wurde er derart kräftig über einige Minuten mit einer Hand gewürgt, dass Zungenbein und Schildknorpel brachen und der Abtransport des Blutes behindert wurde." Der Exzess musste Stunden gedauert haben.

Die Polizei fand am Tatort Blutspuren an den Wänden bis in reichlich anderthalb Meter Höhe – und verkohlten Müll. Im ND hatte Rainer Funke geschrieben: „Die Täter hatten am Ende der apokalyptischen Orgie versucht, das Opfer anzuzünden Ein Gutachten für den Prozess schilderte weitere Folgen der Tat für den Mann:

Luft im Herzen, Quetschungen im Gehirn, Blut in der Lunge."

In der „Berliner Zeitung" (5. Mai 2008) hatte Peter Huth das Leben des Opfers geschildert und ihm damit einen würdigen Nachruf gewidmet: „Hier wohnt Stippi", steht noch heute an der Tür zur ehemaligen Böttcherwerkstatt seines Vaters, in der ihn sein Kumpel Uwe L. auf der Suche nach Alkohol tot aufgefunden hatte. Zu Tode getreten von zwei jungen Männern. Der eine, Christian W., war bereits am Vorabend mit Bernd K. unterwegs und hatte mit ihm ein paar Bier getrunken, der andere, Sven P., stieß später zufällig hinzu. Das Gebäude, in dem er getötet wurde, war ein Spielplatz seiner Kindheit. ‚Dort haben wir immer Verstecken und Fangen gespielt. Und Ostereier gesucht' erzählt Bernd K.s Schwester Waltraud.

Bernd K. war am 27. Juli 1952 als achtes Kind der Familie zur Welt gekommen. Ein Nachzügler, ein Nesthäkchen, Liebling der Mutter, und der Geschwister, Stippi eben. ‚So hieß er von Anfang an', sagt die Schwester. Nach acht Jahren verließ Stippi die Oberschule in Templin. Die Schwester ist überzeugt, dass er auch zehn Schuljahre geschafft hätte. ‚Aber er konnte die Lehrerin nicht leiden', sagt die Schwester.

Stippi lernte Meliorations-Facharbeiter und fuhr 16 Jahre lang einen Bagger. Sein Schwager beschreibt ihn als geschickt. ‚Er war mit seinem Seilbagger genauso schnell wie die Kollegen mit den modernen Hydraulikgeräten', sagt er.

1971 wurde Bernd K. zur Armee einberufen. Einmal im Monat schickte die Schwester ihm ein Päckchen. Darin, gut versteckt, auch eine kleine Flasche Schnaps.

Nach dem Militär besorgte Bernd K. sich ein Motorrad, eine MZ. Das Geld hatte ihm die Mutter geliehen. ‚Aber er hat es in Raten zurückgezahlt', sagt die Schwester. Oft

ging es am Wochenende nach Boitzenburg in die Diskothek, den Freund auf dem Sozius. Es wurde gefeiert, getanzt und getrunken. ‚In der Woche hat er nie gesoffen', versichert Waltraud K. ‚Aber an den Wochenenden, da ging es rund.'
Einmal war es ein zu kurzer Schlaf in einer Scheune. Die Fahrt mit der MZ endete im Straßengraben. K. blieb unverletzt, aber der Freund starb zwei Wochen später im Krankenhaus. Bernd K. musste für zwei Jahre ins Gefängnis.
Er arbeitete in dieser Zeit in der Häftlingsbrigade im Stahlwerk Riesa, brachte es sogar zum Brigadier. Als ihm Bewährung angeboten wurde, lehnte er ab. ‚Er wollte die Strafe verbüßen, danach seine Ruhe haben', sagt die Schwester bestimmt.
Anfang der 80er Jahre fing er in einem Verein an, Tischtennis zu spielen. Er war nicht schlecht, kämpfte um die Kreismeisterschaft. Später trainierte er die Jugendmannschaft. Er fotografierte gern, entwickelte die Fotos sogar selbst. Und er trank weiter. Wann das Trinken in Abhängigkeit umschlug, lässt sich heute nicht mehr klären.
1987 wechselte er als Kraftfahrer ins Getränkekombinat. Als er 1988 einen Magendurchbruch erlitt, kam er nur knapp mit dem Leben davon. Seine Schwester erinnert sich, dass sie nach der Operation von einem Arzt gerüffelt wurde. Warum ihm niemand gesagt habe, dass ihr Bruder Alkoholiker war. Er hatte im Krankenzimmer randaliert. Die Ärzte erzwangen den kalten Entzug. Niemand aus seinem Umfeld hatte bis dahin gemerkt, dass er alkoholabhängig war. Bernd K. war weder nüchtern noch betrunken aggressiv.
Er wird als freundlicher und lustiger Mensch geschildert, der sich zurückzog, wenn es Streit gab.
1989 verliebt sich Bernd K. in seine spätere Frau. ‚Seine ganze Art war liebenswert und freundlich', beschreibt

Carola K. seine Wesen. Sie zog zu ihm, vom Alkoholproblem bemerkte sie nichts. ‚Ein Feierabendbier, mehr war nicht.' Zwei Töchter, Sarah und Stella, wurden geboren. 1994 heirateten die beiden im engsten Freundeskreis. ‚Seiner Familie hatten wir nichts davon gesagt', erinnert sich Carola K. Es sollte nur eine kleine Feier sein.
Nach der Wende, als die DDR-Kombinate zusammenbrachen, hatte Bernd K. eine Anstellung als Baumaschinist. Im Jahr 2000 verlor er die Arbeit. Danach war er mit kurzen Unterbrechungen ständig arbeitslos. ‚Ohne die Arbeit fing er an, immer mehr zu trinken', sagt Carola K. ‚Es war ein schleichender Prozess.' Oft las sie ihren Mann in Templin von der Straße auf und brachte den Betrunkenen nach Hause. Dreimal war er in den folgenden Jahren im Entzug. ‚Er hat sich immer geweigert, eine Therapie zu machen', sagt Carola K.
Ein Jahr vor seinem Tod löste Bernd K. seine Lebensversicherung auf, kaufte eine Tischtennisplatte, Fotoapparate und zwei Fahrräder. Es wirkte wie ein Versuch, die Erinnerung an eine schönere Zeit wachzuhalten. Vielleicht war es auch ein Versuch, dem Leben wieder einen Sinn zu geben. Doch seine Saufkumpane ließen das nicht zu. Die Tischtennisplatte verschwand schnell aus der Werkstatt. Auch zwei Fotoapparate und ein Fahrrad tauchten nie wieder auf.
Das Rad fischten die Polizisten kurz nach dem Mord aus dem Kanal."
Die Staatsanwältin bestätigte, dass einer der Täter am Tag des Mordes ein Shirt mit dem Bild des Hitler-Stellvertreters Rudolf Heß getragen habe. Beim anderen sah man den Schriftzug „Frontkämpfer" auf der Oberbekleidung. Beide waren hinreichend vorbestraft und befanden sich nur auf Bewährung auf freiem Fuß. In der Polizeiakte von Christian W. fanden sich Delikte wie Brandstiftung, gefährliche Körperverletzung, Volksverhetzung, Dieb-

stahl und Tierquälerei. Ein Gericht hatte 2007 die Strafen für mehrere Taten zu einer Haft von drei Jahren und vier Monaten zusammengezogen, wenig später kam W. jedoch auf Bewährung frei. Sven P. war kurz zuvor zu sechs Monaten auf Bewährung verurteilt worden, weil er ein Jahr zuvor jemanden attackiert und beleidigt hatte. Zuvor hatte er vier Wochen Jugendarrest wegen Zeigen des Hitlergrußes und versuchter Körperverletzung abgesessen.

Vor allem anderen typisch für die Situation: Gleich nach der Tat hatte Templins Bürgermeister Ulrich Schoeneich laut „Berliner Morgenpost" (8. November 2008) ungewöhnlich reagiert: „Als am 22. Juli zwei Rechtsradikale einen arbeitslosen Tischler töten, gerät die Stadt bundesweit in die Schlagzeilen. Drei Wochen später erneut eine Gewalttat: Ein 19-Jähriger schlägt einen 16-Jährigen brutal nieder. Er sei Rechtsextremist, sagt der Täter von sich. Der Bürgermeister bleibt aber noch Wochen nach den Taten dabei: Der Schläger sei ‚nur dumm'. Die beiden anderen Täter seien ‚Durchgeknallte'."

Die Reaktion war deutschlandweit dementsprechend.

Das Blatt: „Gestern die Kehrtwende Schoeneichs: ‚Bis dato wusste ich nicht, wie viele rechte Straftaten es bereits vorher in meiner Stadt gegeben hat. Ich bin peinlich berührt', räumte er auf einer Pressekonferenz im Templiner Rathaus ein. ‚Wenn ich durch die Stadt gehe, dann erkenne ich keine Rechten. Ich bin dafür wahrscheinlich zu alt.' Nun würden sich Stadtverwaltung und Polizei alle 14 Tage treffen und aktuelle Entwicklungen besprechen. Aber Schoeneich legt Wert auf die Feststellung: ‚Wir sind keine rechte Hochburg.'

Schutzbereichsleiter Sven Brandau trägt dann Zahlen vor, die Schoeneichs Einschätzung widersprechen: Von Januar bis Oktober 2008 verzeichnete die Polizei in der Uckermark 135 politisch motivierte Straftaten; allein 42

davon im Gebiet der Wache Templin. ‚Das sind rund 31 Prozent des Gesamtaufkommens der Uckermark‘, sagt Brandau. Von organisierten Strukturen könne aber keine Rede sein.
Seit Anfang 2007 beobachte die Polizei ein kontinuierliches Ansteigen politisch motivierter Straftaten in Templin. ‚Deshalb haben wir im November letzten Jahres reagiert und sind mit erhöhter Polizeipräsenz vor Ort‘, sagt Brandau weiter. Spezialeinsatzkräfte sind am Wochenende in Templin unterwegs.
Templin habe jetzt das Problem erkannt. So soll Alkoholtrinken in der Öffentlichkeit verboten werden. Zudem will der Bürgermeister Hausbesuche bei rechtsradikalen Jugendlichen machen. ‚Ich habe eine Namensliste von der Polizei bekommen‘, sagt Schoeneich.“
Der Mord am 22. Juli war schändlich, die Reaktion des Bürgermeisters miserabel!
Einen knappen Monat nach der Tat hatte er sich zu einer Stellungnahme in der „Märkischen Allgemeinen“ (14. August 2008) bequemt, die schon erwähnte Pressekonferenz hatte im November stattgefunden. Von der „Märkischen Allgemeinen“ befragt, wie er von dem Mord erfahren hatte, antwortete er ungeniert: „Durch den Anruf einer Berliner Tageszeitung am der Tat folgenden Tag. Weder Polizei noch Staatsanwaltschaft hatten mir bis dahin etwas mitgeteilt. Deshalb waren die Presseleute natürlich besser im Bilde als ich.“
Es geht nicht darum, dem Bürgermeister, der seit Jahren im Amt ist, eine Mitschuld an der Untat anzulasten, aber dass ihn niemand von diesem Mord informierte, kennzeichnet die Atmosphäre – wohl nicht nur in Templin.
Deshalb hatte ihn die MAZ auch gefragt: „Der Vorwurf vieler Medien in ganz Deutschland, Sie würden keine Ahnung von den Zuständen in Ihrer Stadt haben, hat Sie erschüttert?“

Darauf Ulrich Schoeneich: „Mir ist schon bewusst, dass Templin keine Ausnahme im Land Brandenburg ist. Natürlich gibt es auch bei uns Menschen mit rechtem Gedankengut. Aber mir war nicht bewusst, dass es in jüngster Vergangenheit so viele Aktivitäten und Straftaten gegeben hat, die Polizei und Staatsanwaltschaft in einem möglichen Zusammenhang mit Rechten sehen. Hier fühle ich mich als Bürgermeister und Verwaltungschef der Stadt einfach allein gelassen. Wie sollen ich und die Stadtverordnetenversammlung richtige politische Entscheidungen treffen, wenn uns seitens der verantwortlichen Stellen solch wichtige Informationen vorenthalten werden?"
Könnte man fragen wollen: Wie erklärt wer, dass solche Informationswege verschüttet sind?
Mord?
Warum dem Bürgermeister jeden Mord mitteilen?
Rechte waren die Mörder?
Rechte gibt es überall ...
Aber dann wurde ihm noch die Frage gestellt: „Was sagen Sie zu dem Vorwurf, Sie hätten ein Benefizkonzert zu Gunsten der Familie des Opfers verboten?"
Der Bürgermeister: „Von Verbot kann keine Rede sein. Nachdem Jörg Krüger vorstellig wurde, gab es ein Gespräch zwischen dem Templiner Wachenleiter Harald Löschke, dem Vorsitzenden der Stadtverordnetenversammlung Hans-Ulrich Beeskow und mir. Wir waren uns einig, dass eine solche Benefizveranstaltung zu einem so frühen Zeitpunkt unglücklich wäre. Aber wir wollen nun die Initiative von Herrn Krüger unterstützen und als Mahnung und Reaktion auf die grausame Straftat ein Zeichen setzen. Deshalb ist geplant, am 23. August 2008 eine Gedenkveranstaltung abzuhalten. Näheres wird noch bekannt gegeben."
Wer das liest, kann auf einen Kommentar verzichten!
Zugetragen hatte sich in Templin folgendes: Die Ange-

klagten hatten an jenem Julitag eher zufällig das spätere Opfer getroffen. Sie soffen miteinander, zogen lärmend am helllichten Tag durch das Städtchen, gerieten in Streit und trieben Bernd K. zu seiner verlassenen Werkstatt, beschimpften ihn dabei mit lauten und wilden Flüchen. Dieser Sachverhalt ist von Belang, denn ihre Treibjagd müssen viele Passanten wahrgenommen haben, ohne dass auch nur einer auf die Idee kam, einzugreifen oder wenigstens die Polizei zu rufen. Hunderte Handybenutzer dürften unter denen gewesen sein, die dem Trio begegneten, die nur die drei Tasten 110 hätten bedienen müssen, um Bernd K.s Leben zu retten.

Während die Täter in Untersuchungshaft saßen, hatte man ihre Zellen durchsucht. Rainer Funke in „Neues Deutschland" (9. Mai 2009) über das Resultat: „Es wurden Briefe fern jedweder dudenfreundlichen Grammatik ausgetauscht, mit SS-Runen gezeichnet und als ‚Feldpost' bezeichnet, man wünschte sich ‚Front heil' und sandte sich ‚troie germanische Grüße'."

Während des Prozesses gegen die Mörder gab es viele Anträge, Richter und Kammer für befangen zu erklären. Beobachter waren sich einig, dass es den Verteidigern darum ging, für „Revisionsgründe zu sorgen".

„Bild" hatte die Freundin von Christian W. interviewt. Die wusste noch, dass die beiden gegen 4 Uhr morgens nach Hause gekommen waren. „Ich wurde wach und hörte die beiden tuscheln. Ich bin hin. Plötzlich begann Christian zu erzählen. Sven hat mit der Tat richtig geprahlt. Er sagte, dass er schon immer mal einen Menschen umbringen wollte."

Sven wurde zu zehn Jahren Gefängnis verurteilt, Christian zu neun Jahren und drei Monaten. Während des Prozesses schwiegen die Angeklagten. Erst am letzten der zwölf Verhandlungstage hatte der Anwalt eine Erklärung von Sven verlesen: Er habe das Opfer „nur leicht angestupst".

UNVOLLSTÄNDIGE MORD-OPFER-LISTE (5)

RICK L. (20)
war im August 2008 in Magdeburg ermordet worden.

MARCEL W.
war im August 2008 in Bernburg ermordet worden.

*

An dieser Stelle muss wiederholt werden, was bereits erwähnt worden war: In den letzten Jahren wurden öffentliche Mitteilungen über Morde mit rechtsradikalem Hintergrund immer seltener. Die von der Bundesregierung finanzierte Bundeszentrale für politische Bildung veröffentlichte am 19. Dezember 2006 folgende „Begründung" dazu: „Über die Dunkelziffer weiterer Todesfälle mit entsprechendem Hintergrund kann nur spekuliert werden. Oft spielen sich Überfälle oder Auseinandersetzungen mit tragischem Ausgang nachts ohne Zeugen ab, so dass Polizeiermittler, Journalisten oder Opferinitiativen nur schwer die Hintergründe erhellen konnten.
In anderen Fällen hat bei der Tat eine Mischung von Faktoren eine Rolle gespielt, so dass abgewogen wurde, sie nicht in dieser Aufzählung zu berücksichtigen. Dies hat beispielsweise dazu geführt, folgenden Fall aus dem vergangenen Jahr nicht in die Statistik aufzunehmen – obwohl der eigentliche Auslöser ein rassistisch motivierter war.
Im Mai 2006 wurde in München ein 20-Jähriger zu drei Jahren Haft verurteilt, weil er im April 2005 in der Müchener S-Bahn einen 17-jährigen durch Faustschläge tödlich verletzte. Ausgangspunkt war ein Wortgefecht

zweier dreiköpfiger Gruppen junger Leute, eine davon wurde von einer Asiatin begleitet. Als sie das Schimpfwort ‚Frühlingsrolle' an den Kopf bekam, entbrannte zunächst nur ein verbaler Streit. Zum Todesfall kam es aufgrund einer Verkettung unglücklicher Eskalationsstufen, aber nicht aufgrund einer vorsätzlichen Tat. ‚Was soll das, lasst die Frau in Ruhe', schritt die andere Gruppe ein, rekonstruierte die Justiz den Fall. Dann stieg jene Gang aus, die die rassistische Beleidigung ausgestoßen hatte. Einer aus dieser Gruppe schleuderte der in der S-Bahn zurückbleibenden Clique abschätzig Bonbons vor die Füße. Daraufhin warf das spätere Todesopfer, der 17-jährige Marcel, einem der drei einen der Bonbons genau an den Kopf. Der Getroffene – stark alkoholisiert – stürmte auf Rache sinnend sofort zurück in den S-Bahn-Wagen und prügelte auf den Kopf des Bonbonwerfers ein. Als er sah, dass sein Opfer reglos am Boden liegen blieb, kehrte er umgehend zurück und beteiligte sich an den Wiederbelebungsversuchen. Diesen Ausgang hatte der Täter augenscheinlich nicht gewollt. Vor Gericht spielte der tatauslösende Rassismus dann auch keine Rolle mehr. Dennoch begann der tödliche Streit mit einer rassistischen Beleidigung."

WIE ICH EIN VERTRIEBENER WURDE

Ich, Autor dieses Buches, bekenne, in dem folgenden Kapitel eigenes Erleben zu beschreiben. Mit Rücksicht auf die politische Brisanz des Themas und vor allem auf die mit meiner Familie durchlebten Erfahrungen im Umgang mit sogenannten Altbesitzern aus der Alt-Bundesrepublik, die 1990 begannen, ihre „Rechtsansprüche" gegenüber Bürgern der Deutschen Demokratischen Republik – und damit auch uns – geltend zu machen, habe ich mich entschlossen, Namen, sowohl von Personen als auch von Straßen, zu verändern, um weiteren juristischen Verfolgungen zu entgehen.

Alles hatte damit begonnen, dass unsere Tochter Petra, zwölfjährig, in unserer Stadtwohnung (Berlin-Köpenick, Hauptmannstr. 2) Anfange der sechziger Jahre nicht mehr das Doppelstockbett mit dem ein Jahr jüngeren Bruder teilen wollte. Wir trugen das Anliegen im Wohnungsamt vor, man machte uns wenig Hoffnung. Der Antrag gelangte nicht auf die Liste der „Dringlichkeitsfälle".

„Versuchen Sie doch zu tauschen!" war, wie in solchen Situationen üblich, der Rat, den man uns mit auf den Weg gab.

Eines Tages brachte Petra das Berliner Abendblatt mit nach Hause. Im Anzeigenteil ein Ringtausch-Angebot: „Biete ... suche ... und ... Interessenten ..."

Wir willigten ein, die Offerte zu prüfen, schrieben einen entsprechenden Brief: „Bezugnehmend auf Ihre Annonce ..."

Die Antwort kam schnell. Allerdings hatte man anzugeben versäumt, dass die angepriesene geräumige Wohnung außerhalb Berlins lag – in Kleinmachnow. Wir zauderten. Ein Leben lang in der Stadt und nun? Zudem

Kleinmachnow! Früher Villenviertel: Ufa-Stars, Schriftsteller, Maler ...
Die erste Fahrt durch die grünen Straßen vertrieb manche Befürchtung – Radfahrer in Overalls, betagte Frauen, vollgepackte Netze schleppend.
An der Tankstelle, an der wir den Weg zur „Tannenheide“ erfragten, pumpte man noch Benzin in Fünf-Liter-Glasballons, aus denen der Treibstoff in den Schlauch floss. Das als eine Art Zeitmaß.
Der Tankwart gab uns nicht nur Auskunft, sondern lehrte auch märkische Gegenwartskunde in Stichworten: Sein einst blühendes Geschäft war durch die Mauer ruiniert worden. Er wies auf das Ende der Straße, die früher nach Zehlendorf führte und nun vor stählernen Reitern endete. Dahinter der Betonwall.
In der Tannenheide 21 empfing man uns herzlich. Kaffee, Topfkuchen. Die Frau des Hauses war Opernsängerin, der Mann Literat.
Sie priesen uns wortreich die Vorzüge des Hauses. Wir blieben skeptisch: Keinerlei Mängel?
Die Entscheidung aber war längst gefallen: Tochter Petra und Sohn Michael kreischten auf einem Apfelbaum! Wir entschuldigten uns für die lebhaften Kinder ...
Dritter im Tauschring war ein Leipziger Ehepaar. Die Konturen der Umstände wurden sichtbar: Der Sängerin winkte ein Engagement an der Leipziger Oper – jedoch ohne Wohnungsgarantie –, der Leipziger, Kombinatsdirektor, war über Nacht nach Berlin beordert worden.
Wir hatten das im Vergleich belangloseste Motiv für den „Künstlerort“: Heranwachsende verschiedenen Geschlechts im Doppelstockbett ...
Die Formalitäten hielten sich in Grenzen, aber umdenken mussten wir schon. Bis dahin hatten wir unsere Anträge in den Köpenicker Backsteinbau getragen, den der Schuster Voigt mit seinem preußische Degen-Subor-

dination verhöhnenden Auftritt weltberühmt gemacht hatte. Nun war es eine Steinbaracke zwischen Kiefern. Ein Mietvertrag, mit einem wohl stumpfen Kopierstift ausgefüllt, lag parat. Einige übliche Verhaltensmaßregeln und eine dringende Mahnung: Augenblicklich ins Hausbuch eintragen!

Die Bürgermeisterin, vollbusige Amtsperson, erfragte meinen Beruf. Ob ich imstande wäre, ein Flugblatt zu konzipieren?

Ich lehnte nicht ab. Man will sich schließlich gut einführen: „Worum geht's?"

„Kleinmachnow hat 84 Kilometer Straßenfläche, und die Bürger meckern jeden Winter, dass wir nicht den ganzen Ort vom Schnee räumen lassen können. Der erste Schuldige bin immer ich: ‚Die schläft wohl den lieben langen Tag ...', der zweite Schuldige ist die Partei: Den Sozialismus wollen sie aufbauen und können nicht mal den Schnee wegräumen!"

Ich sagte zu, ein Verteidigungs-Plädoyer für sie, die Partei und den Sozialismus zu Papier zu bringen. Exakter: Für die Vernunft! Es war kein besonderer Fall, die „Schuldigen" waren ohnehin immer dieselben ...

Der Möbelwagen hielt in einer Schneewehe. „Verdammtes Kaff!" schimpfte der Fahrer.

Neugierige Nachbarn reckten ihre Köpfe über den Zaun; noch ehe alles entladen war, stellten sie sich vor: Frau Merz, pensionierte Schuldirektorin, Witwe mit stattlichem Schäferhund. Auf der anderen Seite Dr. Wettmann, Zahnarzt. „Meine Frau ist Schauspielerin, müssen Sie wissen." Wir erkannten sie. Es war eine Hauptdarstellerin aus dem Thälmannfilm.

Noch ehe die Gardinen hingen, schnitt uns ein Schneesturm von der Außenwelt ab. Wir fanden es abenteuerlich, bis der ABV klingelte und uns ziemlich laut aufforderte, endlich den Gehsteig zu räumen. Es klang nach:

„Raustreten zum Frühsport!“ Der Keller wurde durchwühlt, ein Schneeschieber fand sich nirgends. Ich quälte mich mit einem Spaten durch die Lawine.
Petra weihte das Bad ein. Als sie mit nassen Locken strahlend die Treppe herabkam, stürmte Sohn Micha von unten herauf: „Alles schwimmt!“ Flecken auf dem Teppich bewiesen, dass er nicht log.
Nach dem Gestank zu urteilen, war es nicht nur Petras Badewasser ...
Ich startete eine fast kriminalistische Telefonfahndung, wählte unsere alte Berliner Nummer, erfuhr vom Kombinatsdirektor die sechs Ziffern seines früheren Leipziger Anschlusses und erreichte den Literaten.
„Keller überschwemmt?“ Seine Stimme klang nicht überrascht. „Haben wir etwa vergessen, Ihnen das zu sagen? Es war so vieles ...“
Ich forderte Aufklärung über das „Vergessene“, und zwar mit einigem Nachdruck. Gestank waberte durchs Haus.
Der Mann in Leipzig blieb gelassen: „Das Haus hat keine Entwässerung, sondern eine Sickergrube ...“
„Eine was?“
„Sickergrube! Wenn sie voll ist, müssen Sie einen Pumpenwagen bestellen...“
„Wie lange dauert es denn, bis sie voll ist?“
„Jetzt? Der Boden ist gefroren, zwei Wochen, wenn Sie Glück haben, drei!“
Wir hatten offensichtlich kein Glück: Drei Tage waren seit unserem Einzug vergangen.
„Und wo ist diese Grube?“
„Hinten im Garten, neben dem ersten Baum rechts!“
Es war inzwischen dunkel, wir zogen gemeinsam hinaus. Michael hatte glücklicherweise Batterien für seine Taschenlampe bei der Hand. Keine Spur von einer Grube, rechts am Baum. Die Operation wurde nach ein-

stündiger Suche abgebrochen. Der Jauchestand war indessen geringfügig gefallen – wir erkannten es an den Tapetenrändern. Trotz 22 Grad minus schliefen wir bei offenen Fenstern. Es stank dennoch infernalisch. Ich wachte auf und wunderte mich über meinen sauberen Schlafanzug ...

Am Morgen lösten wir uns am Telefon ab. Die Pumpenwagen erwiesen sich als vielseitig: Sie waren unterwegs, Straßen vom Schnee zu räumen. Man erinnerte mich bei dieser Gelegenheit an das Flugblattkonzept. Gegen Mittag wurden wir immerhin als Notfall eingestuft, kurz vor Einbruch der Dunkelheit wuchtete ein in Filz Gekleideter einen riesigen Schlauch vor unsere Haustür und verlangte mürrisch nach einem Eimer klaren Wassers. Er fand die Grube, der Deckel lag zwanzig Zentimeter unterhalb der Erdoberfläche. Wir tauten ihn auf, dann wurde der Schlauch in die Tiefe gelassen und die Pumpe im Wagen gestartet.

Die Familie verfolgte die Operation in der Wohnung: Der Schmutzwasserstand fiel. Der Geruch störte schon nicht mehr.

Das klare Wasser säuberte am Ende den Schlauch.

Ich versuchte von dem Pumpenmann Informationen über Sickergruben zu erlangen. Mein Trinkgeld war so hoch, dass es einem reellen Preis für Hightech-Know-How glich. Er blieb dennoch einsilbig, mein Wissen demzufolge dürftig: Irgendwo verließ ein „Überlaufrohr“ die zementene Grube und spülte „das Leichte“ in den Gartenboden.

„Im Winter ist es sinnlos“, warnte er mich vor Abenteuern mit der Spitzhacke.

In der Nacht floss die Jauche ab. Die Aufräumungsarbeiten konnten beginnen. Zuvor wurde der Wasserverbrauch streng rationiert. Petra wollte in ihr Doppelstockbett zurück!

Wir wollten wissen, wer vor uns in diesem Haus gewohnt hatte. Die Liste war lang, obwohl die Volkspolizei-Weisung, alle Daten einzutragen, erst zu Beginn der 50er Jahre erlassen worden war. Wir erfuhren immerhin: Neun Familien hatten zwischen 1951 und 1964 das Haus Tannenheide 21 bewohnt. Am nächsten Morgen begannen wir die Nachbarn nach der Geschichte unseres Hauses zu befragen. Ein Schuhhändler aus dem benachbarten Zehlendorf hatte es zu Beginn der 30er Jahre bauen lassen und bis 1948 bewohnt. Dann sei er mit Hab und Gut in den amerikanischen Sektor Berlins verzogen. Und zwar am Tag nachdem dort die Westmark eingeführt worden war. Er hieß Grunenberg. Ich fand den Namen im Mietvertrag, der mich verpflichtete, monatlich 109 DM auf ein Konto zu überweisen, das unter DDR-Aufsicht mit seinem Namen geführt wurde.

Im Frühjahr begannen wir mit den Sickergruben-Forschungsarbeiten. Die Wohnungsverwaltung hatte keine Mittel für eine neue Grube! Nach den Gesetzen blieben ihr zehn Prozent von der Grunenberg-Miete, also 10,90 DM. Das Dach hatte gedeckt werden müssen, bezahlt mit einem Bank-Kredit, die Holzfassade war mit einem Schutzanstrich versehen worden.

Zu den vielen Anklagen, die heute gegen die DDR erhoben werden, gehört auch, dass sie ein hausbesitzerfeindliches Land gewesen sei. Grunenberg dürfte das nicht behaupten.

Er rührte sich nicht, als ich ihm eine Anfrage wegen der Sickergrube hatte schicken lassen. Wir erfuhren: Für Sickergruben gelten strikte Bauvorschriften, um das Grundwasser zu schützen. Dem Antrag folgte Wartezeit, bis Baukapazität frei war. So blieb alles, wie es war – was die DDR nur hätte ändern können, wenn ein Emirat einen nicht rückzahlbaren Kredit gewährt hätte, womit niemand rechnete.

Es blieb, wie es war: Wenn jemand ins Bad stieg, mussten im Keller Beobachtungsposten aufgestellt werden. Eines Tages beschlossen wir – obwohl sonst disziplinierte DDR-Bürger: Auch ohne amtliche Genehmigung wird das Projekt per Eigenleistung in Angriff genommen. Erster „Bauabschnitt“: Bodenuntersuchungen rund um die Grube. Es galt, das System zu ergründen. Wir hackten, sägten und schaufelten uns durch das Kiefer-Wurzelgestrüpp, stießen auf Sand und später knallharten Ton. Die Grabungen wurden fortgesetzt, denn für 109 Mark Miete wollte man sich auch in der DDR wenigstens die Haare waschen und nicht auf Körperhygiene verzichten.
Ich will mich nicht über den grünen Klee loben, aber ich entwickelte die Idee, durch eine „Tiefseeoperation“ in der Sickergrube das für unser Leben so wichtige Überlaufrohr zu finden. Meine Frau lehnte es strikt ab, eines der Kinder an einem Strick in die Grube hinabklettern zu lassen. Sie leugnete allerdings auch nicht die Gefahr, die mir drohte, wenn meine zwei Zentner in die Jauche tauchten und das Problem akut würde, mich wieder hinaufzuziehen. Wir suchten lange nach einem – so pflegte man an Runden Tischen später zu formulieren – „tragfähigen“ Konsens, was hier in des Wortes tiefster Bedeutung galt. Der wurde schließlich in einem Riemensystem gefunden. Jahre zuvor hatten wir Möbelträgergurte vernäht, damit Petra – das schwere Akkordeon auf dem Rücken – zur wöchentlichen Unterrichtsstunde gehen konnte, ohne außer Atem zu geraten. Diese wurden nun meinem Oberkörper angemessen und verzurrt wie die Gurte eines Fallschirmspringers. Danach seilte mich meine Familie kopfüber ab, wobei wir fest damit rechneten, dass ich das Rohr noch vor dem Eintauchen des Kopfes mit einem meiner langen Arme ertasten würde. Vorsichtshalber war aber auch ein Schnorchel bereitgelegt. Ich fand das Rohr. Es begann die Suche nach seinem

Ende im Gartenerdreich. Wir stießen auf eine Erdschicht, in der sich Abwässer aus dreieinhalb Jahrzehnten – davon knapp zwei Jahrzehnte Grunenberg-Abwässer – entlaugt hatten. Kein Tropfen sickerte mehr durch dieses Gemisch von märkischem Sand, Waschpulverresten, Urin und Abwaschwasser. Um zum Ende zu kommen: Wir verlegten das Rohr in jungfräuliches Erdreich und nach 84 Tagen – wir hatten uns vergeblich das auch für die Kinder fassbare Ziel gesteckt, Jules Vernes Reise um die Erde in 80 Tagen zu unterbieten, – feierten wir den ersten Badetag!

Das war ein knappes Jahr nach unserem Einzug; Herrn Grunenberg hatte ich in dieser Zeit also rund 1.000 Mark Miete überwiesen, und wenn ich unsere Arbeitsstunden mit dem Freundschaftspreis von drei Mark veranschlage, kamen etwa weitere 3.000 Mark zusammen, ohne zum Beispiel den von jedem Gesetzgeber für solche Vorhaben genehmigten Gefahrenzuschlag für die Tauchoperation zu berechnen.

Die nächsten Probleme lösten wir mit der Erfahrung unseres Sickergrubentriumphs. Jahre vergingen.

Die DDR ging unter und eines Tages im Sommer 1990 klingelte es an unserer Tür. Ein betont freundlicher korpulenter Herr mittleren Alters begrüßte meine Frau mit dem Charme eines gern gesehenen Gastes: „Grunenberg mein Name!“

Er wurde ohne viel Worte an die zuständige Instanz verwiesen: Wohnungsverwaltung, Bürgermeisterei. Adresse: Meiereifeld.

Grunenberg hob die Arme, als hätte meine Frau einen Trommelrevolver aus der Schürze gezogen, und schwor: „Ich komme in friedlicher Absicht, in ganz friedlicher, bitte nur um eine Auskunft!“

Kaffee wurde gebrüht, Grunenberg nahm Platz. „Es ist schon reizvoll, an die Stätte seiner Kindheit zurückzukehren. Wir hatten einen ähnlich großen Briefkasten wie Sie, da hockte ich als Steppke drin, und wenn die Russen vorüberkamen, amüsierten sie sich köstlich. Sie hatten viel übrig für Kinder.“

Erleichtert nahmen wir zur Kenntnis, dass Grunenberg ein Gemütsmensch ohne Besatzerwillkür-Allüren zu sein schien: „Mich interessiert das Haus schon deshalb nicht, weil keine Kneipe in der Nähe ist. Ich muss es in Filzlatschen zur Theke schaffen und vor allem zurück.“

Meine Frau und ich wechselten Blicke. Das konnte sich schnell ändern, wenn irgendein arbeitslos gewordener Nachbar auf die Idee einer Existenzgründung kam ...

Ich wollte endlich zur Sache kommen.

Er auch. „Ich müsste das Mietkonto für die Währungsumstellung registrieren lassen. Hätten Sie die Nummer bei der Hand?“

Das war kein Problem: Die Ziffern fanden sich schnell auf dem monatlichen Kontoauszug. Ich schrieb sie im Nebenzimmer auf einen Zettel.

Der neben dem Aktenschrank liegende Taschenrechner verführte mich, die Summe abzurufen, die ich Grunenberg bisher gezahlt hatte: 29.430,00 Ostmark. Er würde morgen zur Bank gehen und sich 14.215,00 Westmark gutschreiben lassen.

Dann wollte er wissen, ob wir uns im Haus wohl fühlen.

Meine Frau: „Mit der Zeit haben wir es geschafft!“

Da ließ er ein Kätzchen aus dem Sack: „Und kaufen?“

Ich schwieg, fragte dann möglichst gelassen: „Zu welchem Preis?“

Der Filzlatschentrinker überlegte keine Sekunde: „Dreihunderttausend!“ Als er unsere Mienen sah, fügte er hinzu: „So in etwa!“

Ich weiß nicht, wie die Zahl heutzutage auf den Leser wirkt, aber wir kannten solche Summen bis dahin nur aus den Nachrichten über sensationelle Lotto-Gewinne.

„Das Haus wurde vor Jahren geschätzt", klärte ich ihn auf. „Als die Wohnungsverwaltung keine Kredite von den Banken mehr bekam, suchte sie händeringend Käufer. ‚Achtzehntausend' lautete damals der Bescheid ..."
Die letzten Worte hatte er gar nicht mehr gehört. Er drohte ob der Summe an einem Lachanfall zu ersticken. Dann schob er den Zettel mit der Kontonummer in die Brieftasche und erhob sich, beteuerte noch einmal, dass man ihn nicht wiedersehen würde. An der Tür schränkte er die Aussage insofern ein, als er auf seine Mutter verwies, die auf ihrem Allgäu-Anwesen möglicherweise zu anderen Ansichten gelange ...
Eines Tages riefen mich betagte Nachbarn zu Hilfe. Ein Mann stand in ihrem Wohnzimmer und hatte ihnen mitgeteilt, dass sie ab sofort den Garten nicht mehr betreten dürften.
„Mit welchem Recht erlassen Sie solche Verfügungen?" erkundigte ich mich.
Der Unbekannte, Maßanzug, Seidenhemd, stierte mich an, als sei ich aus einer Fußbodenritze gekrochen: „Und wer bildet sich ein, das Recht zu haben, mich danach zu fragen?"
Ich stellte mich vor.
Da brüllte er: „Mann, Ihr Name interessiert mich einen Dreck! Woher nehmen Sie das Recht?"
Ich wies auf die beiden verschüchtert auf ihrem Sofa Hockenden: „Menschenrecht!"
„Es ist vorbei mit den roten Schweinen! Ist Ihnen das entgangen?"
„Ich sprach von Menschenrecht und von heute!" Da klärte er mich auf: „Das Recht bestimmen jetzt wir! Basta!"
Er käme wieder, wenn die beiden Alten allein seien, beschied er mich, und ich ließ ihn wissen, dass die künftig nicht mehr allein mit ihm verhandeln würden, und

ließ ihn nebenbei wissen, dass er bei einem Kellertreppensturz bei den beiden Sehbehinderten kaum mit verlässlichen Zeugen rechnen könne.
Da schrie er: „Stasi-Methoden!“
Ich erwiderte: „So wie ihr Garten-nicht-betreten-dürfen-Befehl.“
Hier unterbreche ich meinen Bericht und füge einige Passagen aus dem jeglicher DDR-Sympathie unverdächtigen „Stern“ vom 15. April 1992 ein. Das Magazin hatte Kleinmachnow aus der Luft aufgenommen und jedes der von Westbesitzern beanspruchten Häuser mit einem fetten schwarzen Kreuz auf dem Dach markiert. Von 55 Dächern waren 39 „gezeichnet“.
Ein Jürgen Kurth hatte dazu geschrieben: „Die Geste des Sechsjährigen ist eindeutig. Mit bösem Blick streckt der Knirps den Mittelfinger hoch. Fahrer von Autos mit West-Kennzeichen sind derzeit in Kleinmachnow im Süden Berlins sogar bei Kindern nicht gern gesehen. Seit Konvois von Edelkarossen im Schritt-Tempo durch die Straßen mit den idyllischen Namen wie Wiesenrain, Hasenkamp oder Kleine Eichen kurven, seit Scharen von Fremden mit Aktenköfferchen oder gar mit der Videokamera im Anschlag die Vorgärten stürmen, wächst in den grauverputzten Häuschen die Angst um die eigenen vier Wände.
Auf mehr als 80 Prozent aller Anwesen und Grundstücke in der von lauschigen Birken und Kiefern durchzogenen Siedlung haben Antragsteller aus dem Westen bereits ihre Ansprüche angemeldet.
Was für die sogenannten Alteigentümer jahrelang hinter dem Grenzstreifen unerreichbar und zudem mit gerade mal fünf Mark pro Quadratmeter so gut wie wertlos war, ist nach der Vereinigung zum Objekt der Begierde geworden. Schon sind Quadratmeterpreise zwischen 600 und 1.000 Mark üblich.

‚Das ist so, als wenn jemand in einer alten Zigarren-Kiste die Blaue Mauritius findet', kommentiert Bürgermeister Klaus Nitzsche den Interessentenansturm auf seine Gemeinde.
‚Wenn alle von drüben recht bekommen, die hier mal was besessen haben', sagt der 59-jährige Adolf Marquardt hinter seinem Jägerzaun, ‚müssen die meisten von uns hier weg.'
Mehr als 8.000 der gut 11.000 Einwohner von Kleinmachnow werden wohl dem deutsch-deutschen Immobilienkrieg zum Opfer fallen. ‚Das wäre die Vertreibung einer ganzen Stadt', bestätigt der Bürgermeister. ...
Freilich fielen nicht alle Westdeutschen mit der Tür ins Haus. ‚In der Regel ging's erst mal gemütlich zu', beschreibt der ortsansässige Rechtsanwalt Wolfgang Finsterbusch ‚die Inbesitznahme' durch Alteigentümer oder deren Erben. Bei einem Täßchen Kaffee wurde den aufgeschreckten Bewohnern zumeist versichert, man wolle doch niemanden auf die Straße setzen.
Beim Lehrerehepaar Blanka und Rüdiger Pötzsch am Jägerstieg etwa zeigten sich die Besitzer recht angetan, dass ‚alles so erstaunlich gut erhalten' war. Sie seien auch ‚nur mal zum Gucken gekommen', ausziehen müßten die Pötzschs natürlich nicht, schließlich habe man im Westfälischen selber ein Haus.
Die Ostler, die seit 1968 für 240 Mark Kaltmiete in dem reetgedeckten Haus mit großem Garten wohnen, schöpften Hoffnung. Pötzsch, Mieter und Verwalter in einer Person, half dem Hauswirt noch, das Dach neu zu decken und dabei viel Geld zu sparen. Zum Dank kam wenig später per Post die Kündigung. Begründung: Eigenbedarf. ‚Jetzt müssen wir hier raus', sagt der Lehrer, ‚aber wohin? Wir würden täglich bis zu 40 Kilometer weit zur Schule fahren, aber es ist nirgendwo etwas zu kriegen.'"
Eines Tages ließ die Briefträgerin meine Frau einen Ein-

schreibzettel unterschreiben. Der Umschlag trug sechs Eine-Mark-Marken, einen fetten roten Stempel „Einschreiben“, den rosa Kupon mit der Aufschrift „Rückschein“ und die Einschreibenmarke mit einem Hinweis darauf, dass man sie in „1000 Berlin 373“ von der Rolle gerissen und auf das Kuvert geklebt hatte.

Wir öffneten den Umschlag. Ein dürftiger DIN-A 4-Bogen mit einem billigen Stempel als Kopf: „Hausverwaltung Grunenberg – A. Knauman“.

„... als Hausverwalter und im Auftrage der Eigentümerin des Einfamilienhauses Tannenheide 21 in Kleinmachnow, Frau Gertrud Grunenberg W 3751 Oberndorf kündige ich das Mietverhältnis zum 30. Juni 1992.

Frau Grunenberg benötigt das Haus wegen Eigenbedarfs, da ihr Sohn eine Kündigung seiner Wohnung erhalten hat. Er ist jetzt in Berlin tätig, so dass dringender Wohnbedarf besteht.

Ich bitte deshalb um Verständnis für die Kündigung.

Mit freundlichen Grüßen“

Die Unterschrift war unleserlich.

Das war für uns das größte Erlebnis nach dem Fall der Mauer! Möglich, dass mancher das für kindisch hält, aber die Perspektiven sind zuweilen verschieden.

Ich teilte Grunenberg mit, dass ich am 24. Februar 1993 meinen 65. Geburtstag in dem Haus zu feiern gedenke und dass zur Not eine Kompanie Rechtsanwälte aufmarschieren würde, um die Feier zu sichern.

Grunenberg hatte inzwischen gelernt, dass man im Umgang mit mir einiges bedenken sollte.

Aber ab dem 25. Februar 1993 war ich ein echter Vertriebener.

Ich verließ Kleinmachnow, andere – zum Beispiel Brandenburgs Innenminister Schönbohm zog zu und ließ sich übrigens seine Straße in eine Einbahnstraße umwandeln – wurden „Neubürger“ und Jahre später las ich eines

Tages in der „taz“ (6. September 2008): „Von einem Miteinander ist die Gemeinde vor den südlichen Toren Berlins weit entfernt. Es herrscht Burgfrieden nach den Jahren des Kampfes von alteingesessenen Ossis gegen zugezogene Wessis.

Vom ‚Kleinmachnow-Syndrom‘ sprachen Bonner Politiker in der Nachwendezeit, wenn sie über den Streit um Haus und Hof in Ostdeutschland redeten. Nirgends nahmen die Rückforderungsansprüche von Wessis ein ähnliches Ausmaß an wie in der Kleinstadt. Nicht ohne Grund: Die Alteigentümer witterten Geld und Gewinn in dem Ort.

Viele Ex-DDR-Bürger mussten die Häuser verlassen, die sie ihr Zuhause nannten. Für die Zwangsumsiedler baute die Gemeinde ein eigenes Viertel am Ortsrand. ‚Ghetto‘ nannten es die Zornigen. ... Kleinmachnow wächst enorm. Von 11.000 Einwohnern kurz nach der Wende ist der Ort auf mehr als 19.000 gewachsen. ... Wie es denn aussieht mit dem Zusammenwachsen? Kämmerer Ecker setzt an: ‚Alt und Neu ist noch nicht so ...‘ – er bricht ab – ‚... also die Neuen sind noch nicht angekommen.‘ ...

Überhaupt der Verkehr. ... ‚Das bringt das Problem der rasenden Mütter mit sich‘, so der Kämmerer. Die Sprösslinge müssten – wegen des vielen Verkehrs – mit dem Auto zur Schule gebracht werden. Nach Unterrichtsschluss geht es per Auto zum Ballett, zur Reitstunde und zum Klavierlehrer. ‚Die Mütter jagen durch Kleinmachnow‘, sagt Ecker. Abends, wenn die Kinder im Bett sind, treffen sich die Frauen dann in der Bürgerinitiative gegen den vielen Verkehr vor der Grundschule.“

Als ich schon den letzten Punkt in diesem Manuskript tippen wollte, schenkte mir jemand, der mein Schicksal kannte, ein stattliches Buch, herausgegeben vom renommierten Faber & Faber-Verlag und geschrieben und gezeichnet vom angesehenen Harald Kretzschmar. Den Titel las ich

dreimal und geriet außer Atem: „Paradies der Begegnungen". Das hatte noch keiner riskiert. Und Kretzschmar hatte nicht mal auf mich als Bürger des Begegnungs-Paradies-Orts verzichtet, hatte mich für dies und das gerühmt, aber unterschlagen, dass man mich aus Kleinmachnow vertrieben hatte. Wie tausende andere ...
Ob er eines Tages in Kleinmachnow Ehrenbürger wird?

JAGD AUFS GRACE-KELLY-DOUBLE

Ohne Umschweife zur Person: Katrin Krabbe wurde am 29. November 1969 in Neubrandenburg geboren. Bei der DDR-Kinder- und -Jugendspartakiade 1983 wurde sie im 100-m-Lauf Sechste, zwei Jahre später holte sie die Silbermedaille über 100 m, die bronzene über 200 m und eine weitere Silbermedaille mit der Sprintstaffel. Bei den Junioren-Europameisterschaften 1987 in Birmingham lief sie in der siegreichen 4-mal-100-m-Staffel der DDR, 1988 gewann in Sudbury (Kanada) bei den Junioren-Weltmeisterschaften über 200 m und in der Staffel, wurde Zweite über 100 m. Bei den Olympischen Sommerspielen in Seoul 1988 schied sie im Semifinale des 200-m-Laufes aus. Im Kampf um den Europapokal 1989 gewann sie über 200 m, 1990 wurde sie in Split Europameisterin über 100 m, 200 m und in der Staffel. Es war ihr letzter Start im DDR-Trikot.

1991 wurde sie in Tokio Weltmeisterin über 100 m, 200 m und in der Staffel.

Am 15. Februar 1992 wurden sie, Grit Breuer und Silke Möller vom Präsidium des Deutschen Leichtathletik-Verbandes (DLV) für vier Jahre suspendiert, nachdem dieses Gremium es als erwiesen ansah, dass mittels „verbotener Technik“ eine Doping-Kontrolle am 24. Januar 1992 in Südafrika manipuliert worden war. Am 4. April 1992 befasste sich der Rechtsausschuss des Verbandes mit den Vorwürfen. Nach neunstündiger Verhandlung schlug der Vorsitzende überraschend einen „Vergleich“ vor: Die Suspendierung wird ab 15. Mai 1992 aufgehoben, die Athletinnen aber sollten sich weiteren Untersuchungen bis März 1993 zu unterziehen. Die beiden Vertreter des DLV-Präsidums, Dr. Laurens und Nickel, lehnten den Vergleich ab. Am 5. April verkündete der Rechtsaus-

schuss, dass er alle vom DLV gegen die Athletinnen eingeleiteten Schritte aufgehoben habe. Der DLV hatte die Kosten des Verfahrens zu tragen.
Spätestens von diesem Tag an begann eine endlose Serie von Verdächtigungen gegenüber der Neubrandenburger Sprinterin.
Welche Rolle sie seit ihren Siegläufen in der deutschen Öffentlichkeit spielte, hatte der „Spiegel" im März 1991 zu beschreiben versucht: „Ob das Mädchen mit den blauen Augen im ‚Aktuellen Sportstudio' sitzt, oder in der ‚Jörg-Knör-Show', ob es bei Sat 1 für 5.000 Mark den neuen ‚Sportclub' ziert oder in Leipzig einen ‚Bambi' als ‚Shooting-Star des Jahres' bekommt – stets fahren die Fernsehkameras ihre 115 Zentimeter langen Beine rauf und runter ... In der Vereinigungseuphorie des Herbstes hatten die westdeutschen Medien wie auf ein geheimes Zeichen hin eine bis dahin unbekannte Sprinterin aus Neubrandenburg für eine tragende Rolle ausgewählt: Als alle noch vom neuen Wirtschaftswunder träumten, sollte Katrin Krabbe der friedlichen Vereinigung dienen – hatte nicht auch der Aufschwung nach dem Zweiten Weltkrieg mit einem ‚deutschen Fräulein-Wunder' (Bild) begonnen?
Sie sei eine ‚Art Nationalsymbol', meinte das Wall Street Journal angesichts der medialen Annektierung der naiven Schönen aus dem Osten, ‚das für eine ambitionierte Hoffnung eines vereinten Landes steht'. So wurde das Medienprodukt Krabbe zum Selbstgänger. Zwar lobhudeln Experten dem Laufstil der Sprinterin (‚läuferische Offenbarung'), doch können auch ihre bisherigen sportlichen Leistungen die totale Vereinnahmung nicht erklären. Denn anders als Uwe Seelers Kopfbälle oder Boris Beckers Volleys haben ihre Kurzsprints die Massen innerlich kaum gerührt ... Während die Deutschen ‚unseren neuen Goldschatz' (Quick) überschwenglich feiern,

macht sich das Ausland bereits lustig über das ‚reine Medienphänomen‘ (L'Equipe). Hätte die PDS diesen ‚Appetithappen für die Westmedien‘ auf ihren Wahlplakaten genutzt, so lästerte die Zürcher Weltwoche, wäre ‚sogar Gysi Einheitskanzler‘ geworden.
Die bei der EM noch im blauen DDR-Trikot laufende ehemalige Spartakiade-Meisterin hörte so bereitwillig auf die westlichen Keep-Smiling-Kommandos, dass ihr Trainer Thomas Springstein, 32, nach anfänglichem Verständnis bald Kritik am Darstellungsdrang seines Schützlings übte ... Einmal in Gang gesetzt, beließ es die Medienmaschinerie nicht bei der Beschreibung ihres angeblich ‚makellosen Profils‘ (Süddeutsche Zeitung). ... Im Zusammenhang mit ‚Königin Katrin‘ war nichts banal genug, um nicht berichtet zu werden. ... So glänzt die Europameisterin Krabbe, die aus dem alten DDR-System mit Kinder- und Jugendsportschule und muffigen Trainingshallen kommt, heute als ‚Grace Kelly‘ (Bild) oder ‚Greta Garbo‘ (Stern) der gesamtdeutschen Leichtathletik ... Jahrelang waren die westdeutschen Leichtathleten angesichts ihrer Erfolglosigkeit verspottet worden. Als jetzt Katrin Krabbe in positive Schlagzeilen lief, nahm die frustierte DLV-Spitze dies gläubig als Signale des Aufschwungs: Durch den Krabbe-Rummel war erstmals seit Jahren die Deutsche Hallenmeisterschaft ausverkauft.
Die altbundesdeutsche Medien-Begeisterung für Katrin Krabbe kannte kaum Grenzen. Die „Süddeutsche Zeitung“ war nach den Tokioter Weltmeisterschaften zu folgenden Erkenntnissen gelangt: „Keinen sogenannten Medienstar wie Steffi Graf, Boris Becker oder Franz Beckenbauer präsentieren zu können, mussten die deutschen Leichtathleten jahrelang als schweres Versäumnis erachten. ... Der Rummel um Katrin Krabbe aus der mecklenburgischen Stadt Neubrandenburg, in der vergangenen Woche bei der Weltmeisterschaft in Tokio

zweimal schnellste Frau der Welt, zeigt nun aber das Ende der konturlosen Zeit in der Leichtathletik hierzulande an. ... Unter den Athleten der früheren Sport-Großmacht gibt es keine größere Wende-Gewinnlerin als die Sprinterin Krabbe. Ihr bereits in diesem Jahr auf 800.000 Mark geschätztes Einkommen wird nach den Erfolgen von Tokio durch neue Werbeverträge über die Millionengrenze springen. Wie bei den Tennis-Assen Graf und Becker erhalten dann ihre Antritts- und Preisgelder bei den Wettkämpfen den Charakter von Einlagen in die Portokasse. Nicht gelöst ist die Frage nach der tatsächlichen Popularität der Norddeutschen. Mit ihren langen Beinen, der windschnittigen Figur, den nach hinten gebundenen blonden Haaren, dem ein wenig an Grace Kelly erinnernden Gesicht, ihrem Faible für goldenen Ohrenschmuck und schnelle Autos ... nimmt sie vor allem die Boulevardpresse und ausländische Beobachter für sich ein. Beim Hamburger Millionenblatt Bild nährt sie ihren Ruhm durch eine eigene Kolumne ... Auf der anderen Seite erntet sie bei den wahren Leichtathletikfreunden auch Widerspruch: für ihre manchmal schroffe Art im Umgang mit ihr nicht so nahestehenden Menschen, die als Trotzreaktion und Abwehrhaltung gegen den Trubel um ihre Person interpretiert wird; für die vom Leichtathletik-Verband geduldeten Extravaganzen im sportlichen Bereich, die ihre Beliebtheit in der Nationalmannschaft nicht gerade fördern; für ihre widersprüchliche Haltung zur und Annäherung an die Antidoping-Kampagne. Der Erfolg, mit dem sie zumindest in Tokio nicht rechnen durfte, gibt Katrin Krabbe und ihrem gelegentlich recht rigorosen Trainer Thomas Springstein indessen recht. Am Ende ist der einstige DDR-Amateur der erste wirkliche Profi in der deutschen Leichtathletik."

Damit wäre einiges in die Erinnerung gerufen über die Krabbe-Euphorie des Jahres 1991. Manches blieb uner-

wähnt. Zum Beispiel: Als sich der Versehrtenverband an sie wandte, ein Sportfest in Neubrandenburg zu unterstützen, stiftete sie eine vierstellige Summe und kam – auch ohne Fototermin – ins Stadion.
Innerhalb von nur vier Monaten kehrte sich das Bild: Zwischen September 1991 und Januar 1992 wurde aus Grace Kelly eine „Dopingkriminelle".
Wie ließe sich das erklären: Über Nacht von der Strahlbühne in den Gerichtssaal?
Ich fand einen Schweizer, der sich als Spurenleser in diesem Fall eignete: Carl Schönenberger, früher selbst aktiver und erfolgreicher Leichtathlet, seit den 80er Jahren Kolumnist beim „Sport" in Zürich. Nach den Leichtathletik-Weltmeisterschaften 1991 in Tokio hatte er folgende deutschen „Akzente" formuliert: „Es mag in ihrem ureigenen Wesen liegen, dass unsere nördlichen Nachbarn Mühe bekunden mit der Bewältigung von Vergangenem. Nirgends werden die grauenvollen Schandtaten der Nazischergen so regelmäßig von den Medien aufgetischt, wie in Deutschland. Das Resultat ist erschreckend: Kaum ein anderes Land kennt bedrohlichere Tendenzen rechtsradikaler Kräfte. In Deutschland wuchern Neonazis.
Vergangenheitsbewältigung nach gutdeutschem Muster – im Rückspiegel – dahin verrennen sich auch die Sportfunktionäre. Einerseits lassen sich germanische Verbandsführer von den Medien von Mal zu Mal in die Ecke drängen, andererseits nützen sie selbst jede Gelegenheit, sich selbst als ‚Meister Proper' darzustellen.
‚Die deutsche Leichtathletik hat ein angeschlagenes Ansehen wegen der ganzen Dopinggeschichte', lenkte Sportwart Dr. Manfred Steinbach anläßlich einer WM-Pressekonferenz in Tokio vom sportlichen Zustand ‚seiner' Athleten ab. Gerade in den Wochen der gemeinsamen Vorbereitungen in Soul war die (vordergründige) Dopingbekämpfung wichtiger als eine (tiefgründige) Ver-

trauensbasis, die deutsche Athleten für die WM-Kämpfe hätte stark machen sollen. ‚Allein in Soul haben wir 30 bis 40 Proben bei deutschen Athleten durchgeführt. Jeden Tag sind vom deutschen Leichtathletik-Verband und vom Deutschen Sportbund unabhängig fünf bis sechs Namen ausgelost worden.‘
Ablenkung, Verunsicherung – die sportliche Abrechnung ist bekannt: 1987 bei den WM hatte das damalige DDR-Team allein 31 Medaillen (zehn Siege) gewonnen, 1991 in Tokio hat es ein deutsch-deutscher Eintopf eben noch auf 17 Medaillen (fünf Siege) gebracht. Und nicht einmal die waren allen angenehm. Es hat in Japan so manchen deutschen Journalisten gegeben, der Doppelweltmeisterin Katrin Krabbe am liebsten selbst des Dopings überführt hätte – dafür ‚lebe‘ die so saubere Heike Henkel.
Und weil so meuchelmörderische Aktionen in Tokio selbst nicht gelungen sind, werden sie im eigenen Reich forciert: Marita Koch habe ihre 400-m-Fabelzeiten nur dank Anabolika laufen können, Heike Drechsler sei schon gedopt gewesen, serviert ‚Der Spiegel‘ lauwarme Schlagzeilen. Dass im einstigen DDR-Sport Trainingswissenschaft, Sportmedizin und Chemie Hand in Hand die Basis zu sportlichen Höchstleistungen geschaffen haben, ist weiß Gott nicht mehr neu. Dass jugendliche Sportler vorerst unwissend, später wohl mit eigener Kenntnis von so gezielten hormonellen Steuerungen profitiert haben, weiß man. Immer und immer wieder werden ehemalige DDR-Sportler an ihrer Vergangenheit ‚aufgehängt‘. Eine eindeutige Zielsetzung ist hinter all der Hetze nicht mehr auszumachen – mit Sicherheit ist dies nicht der ‚saubere‘ Sport. Denn reiner als unsere Gesellschaft kann die Insel Sport nicht sein.
Wie im jüngsten Beispiel die ehemalige Diskuswerferin Brigitte Berendonk als Autorin des ‚Spiegel‘-Artikels sind es an den meisten Fronten abgetretene Athleten, die

sich als Doping-Hellseher zurück in den Lichtkegel der Öffentlichkeit rücken. Wie inkonsequent sie das tun, zeigt 400-m-Hürden-Europarekordler Harald Schmid. Als Saubermann klagt er heute Athleten an, die von Ausland-Trainingslager zu Ausland-Trainingslager ziehen. Das wäre Flucht vor Dopingfahndern. Von Bundestrainern kann man sich hingegen dahingehend informieren lassen, dass noch heute kaum ein Athlet so oft im Ausland trainiert, wie dies Harald Schmid während seiner Aktivenzeit tat. Oder wie will Heike Rosendahl gegenüber Athleten die Seriosität ihrer Person glaubhaft machen, wenn sie gleichzeitig einen Teil ihres Geldes als Kolumnistin des berüchtigsten deutschen Boulevardblattes verdient?
Die deutsche Leichtathletik frisst sich selbst – und kollabiert schließlich an ihrer eigenen Fleischvergiftung. Dabei sind während der WM in Tokio rund 300 Dopingkontrollen vorgenommen worden – rund 20 Prozent aller WM-Starter mussten antraben. International ist ein klarer Weg eingeschlagen, man blickt in die Zukunft. Deutschland zerschellt dereinst sportlich an einer Mauer, wenn es sich stets via Rückspiegel orientiert."
Diese Zeugenaussage wäre wichtig für alle, die Mühe haben, sich an die Rückwendemonate zu erinnern.
Erst tobte Jubel: Wir sind ein Volk – und auch eine Mannschaft von Medaillengewinnern!
Dann begann der Kreuzzug gegen die DDR, der nach knapp 20 Jahren immer noch tobt!
Und Katrin Krabbe war damals eines der ersten Opfer gewesen. Zudem: langbeinig, schnell und schön. Eine stattliche „Trophäe"!
Die Presseerklärung, die man am Tag der „Urteilsverkündung" verteilen ließ, trug kein Datum: „Auf einer eigens zu dieser Problematik einberufenen Sitzung am Samstag (15. 2. 92) in Darmstadt hat sich das Präsidium

des Deutschen Leichtathletik-Verbandes abschließend mit den Doping- bzw. Manipulationsvorwürfen gegen die Athletinnen Grit Breuer, Katrin Krabbe und Silke Möller sowie den Trainer Thomas Springstein befasst.
Nach umfangreichen Recherchen und sorgfältiger Prüfung aller Tatsachen und Vorgänge, insbesondere hinsichtlich des Ablaufs der Dopingprobe in Stellenbosch/ Südafrika am 24.1.92 und der vorliegenden Untersuchungsergebnisse des Beauftragten für Dopinganalytik des Bundesinstituts für Sportwissenschaft ist das Präsidium des DLV einstimmig zu folgenden Feststellungen gekommen:
Das Präsidium des Deutschen Leichtathletik-Verbandes sieht es als erwiesen an, dass die Athletinnen Grit Breuer, Katrin Krabbe und Silke Möller durch Verfälschen der am 24. Januar 1992 in Stellenbosch/Südafrika entnommenen Urinproben eine ‚verbotene Technik' im Sinne der DLV-Wettkampfordnung (WKO) VI A 2 b und VI A 5 b in Verbindung mit den ‚Verfahrensrichtlinien zur Durchführung von Dopingkontrollen (IAAF Procedural Guidelines for Doping Control)' angewandt oder hieraus Vorteil gezogen haben, indem sie eine Methode gebraucht haben, die die Echtheit und den Wert der Urinproben bei Dopingkontrollen verändert. Dies stellt einen Dopingverstoß im Sinne der IAAF-Regel 55 (WKO VI A 2 b) dar.
Aufgrund der durchgeführten Ermittlungen, insbesondere der Erklärungen der Athletinnen selbst und ihres Trainers Thomas Springstein, soweit ihnen gefolgt werden kann, sowie der vorliegenden Dokumente, vor allem der Dopingtest-Kontrollformulare, der Fracht- und Flugformulare, der schriftlichen Stellungnahmen der Kontrolleure und der Analyseberichte des Beauftragten für Dopinganalytik des Bundesinstituts für Sportwissenschaft, Prof. Dr. Manfred Donike vom 30.01.08. und 12.02.1992, einschließlich der Dokumentation zum Ana-

lysenbericht vom 30.01.92, geht das Präsidium davon aus, dass mit der erforderlichen Sicherheit erwiesen ist, dass nicht nur eine Manipulation der Urinproben vorliegt, sondern diese auch von den Athletinnen oder mit deren Hilfe und Einverständnis vorgenommen wurde in der Absicht, die Urinproben, die zur Feststellung unerlaubter leistungsfördernder Mittel entnommen wurden, zu verfälschen.
Aufgrund der Untersuchungen der drei A- sowie der drei B-Proben durch Prof. Dr. Donike, an deren Ordnungsgemäßheit, Richtigkeit und Fachlichkeit für das Präsidium nicht die geringsten Zweifel bestehen, steht fest, dass alle sechs Proben vom selben Urin oder aus demselben ‚Topf' eines Uringemischs stammen.
Dies wurde auch von den Vertretern der Athletinnen und des DLV nach der Untersuchung der B-Proben übereinstimmend festgestellt. ...
Die Athletinnen haben zwar auf theoretische Möglichkeiten einer Drittmanipulation hingewiesen, die aber durch die weiteren Ermittlungen keinen vernünftigen Zweifel an der festgestellten, den Athleten zuzuordnenden und anzulastenden Manipulation aufkommen ließen.
Das Präsidium des Deutschen Leichtathletik-Verbandes geht dabei davon aus, dass die Kontrollen selbst ohne Beanstandungen abliefen. Dies haben die Athletinnen ausdrücklich – wie auch ihr Trainer – bestätigt. Danach sind die Kontrolleure des vom Deutschen Leichtathletik-Verband eingeschalteten und beauftragten Südafrikanischen Leichtathletik-Verbandes nach Schilderung der Probenabnahme durch die Athletinnen mit erfreulicher und wünschenswerter Korrektheit vorgegangen. Wenn auch der Verband noch nicht der IAAF angehört, ist er Mitglied des Afrikanischen Leichtathletik-Verbandes und hat damit auch gleichzeitig die internationalen Dopingregeln sowie die entsprechenden ‚IAAF Proce-

dural Guidelines for Doping Control‘ anerkannt. Im übrigen gibt es auch keine Widersprüche in den Schilderungen über die Probenentnahme zwischen den Athletinnen, ihrem Trainer und den um Stellungnahme gebetenen Kontrolleuren des Südafrikanischen Verbandes. ... Dem steht nicht entgegen, dass nicht die Probeflaschen sondern ‚nur‘ die Behälter selbst versiegelt wurden, in denen die Probenflaschen einzeln verpackt und versandt wurden. Denn dies entspricht internationalem Standard (vgl Doping Booklet for the Athlet). In der Bundesrepublik werden die Flaschen selbst versiegelt.

Es steht zur Überzeugung des Präsidiums fest, dass die so versiegelten Behälter ohne Manipulation nach der Versiegelung in Köln zur Untersuchung eintrafen. ... Die Proben kamen, ohne die Möglichkeit von Drittmanipulation nach der Versiegelung, im Kölner Untersuchungsinstitut an, wovon das DLV-Präsidium auch und insbesondere aufgrund der Unversehrtheit der Siegel ausgeht. Die Siegel können, wie dies von dem Managing Director des Lizenzunternehmens der die Behälter und Siegel herstellenden britischen Firma ‚Envopak U.K.‘, ‚Transvaal Rubber Company‘, Mr. Anderson, glaubhaft bestätigt wurde, nur einmal zerstört werden. Die Siegelnummern werden nur je einmal vergeben. Duplikate sind nicht verteilt worden. Anhaltspunkte dafür, dass die Siegel nachgemacht worden sind, ergeben sich nicht.

Konkrete Hinweise, die über den Bereich theoretischer Hypothesen hinausgehen, dafür, dass eine Manipulation durch Dritte zwischen Versiegelung und Erbrechen der Siegel in Köln erfolgt sein könnte, ergaben sich für das Präsidium nicht. Es mag schon dahinstehen, ob es überhaupt eine theoretische Möglichkeit der Manipulation durch Dritte bei diesem Sachverhalt gibt; auf jeden Fall ergeben sich keine beachtens- und damit berücksichtigenswerten Anhaltspunkte dafür.

Auch ergaben sich keine Anhaltspunkte dafür, dass eine Manipulation durch den Beauftragten für Dopinganalytik des Bundesinstitutes für Sportwissenschaft, Prof. Dr. Manfred Donike, oder seine Mitarbeiter stattgefunden hat. ...
Gegen diese Feststellungen, dass eine Fremdmanipulation mit an Sicherheit grenzender Wahrscheinlichkeit ausscheidet, sprechen auch nicht evtl. Formfehler, weil sie, wenn vorhanden, nicht die Essentialien betreffen. ...
Damit steht fest, dass mit einer zur Feststellung eines Dopingverstoßes ausreichenden Sicherheit eine Manipulation durch die Athletinnen vorgenommen wurde, wobei dahinstehen kann, ob sie diese selbst vorgenommen oder diese mit ihrer Kenntnis haben vornehmen lassen. ...
Unter Abwägung aller Möglichkeiten, die ggf. auch für eine Fremdmanipulation ins Gewicht fallen könnten, kommt das Präsdium nicht umhin festzustellen, dass die drei Urinproben der Athletinnen mit Sicherheit manipuliert worden sind, die Athletinnen dies in der Absicht der Manipulation vorgenommen und hieraus Vorteil gezogen haben und somit auch die Manipulation verschuldet haben. ...
Der DLV hat gleichzeitig die sofortige Suspendierung der Athletinnen Grit Breuer, Katrin Krabbe und Silke Möller ausgesprochen.
Das faktische Arbeitsverhältnis mit Herrn Springstein wird beendet und der DLV wird mit ihm für die Zukunft keinen Vertrag abschließen."
Ich hatte lange überlegt, ob man dem „Pitaval"-Leser die zeitraubende Lektüre der Auszüge dieser Erklärung zumuten muss. Den Ausschlag gab, dass es sich hierbei um den Grundstein der endlosen DDR-Doping-Kampagne handelte.
Bei den nur mühsam und von einem Experten zwischen

den Zeilen aufzuspürenden Mängeln dieses Reports gilt es Folgendes festzustellen:
Die betroffenen Athleten hatten für den 25. Januar 1992 ihren Rückflug aus Südafrika nach Deutschland gebucht, hätten also am Nachmittag des 25. Januar mühelos auf einem deutschen Flughafen von kompetenten Kontrolleuren kontrolliert werden können.
Der Deutsche Leichtathletik-Verband bestand jedoch auf der Kontrolle am 24. Januar in Stellenbosch, obwohl der südafrikanische Verband damals nicht Mitglied der Internationalen Förderation und damit auch nicht kompetent für Dopingkontrollen war. Um zu befürchtenden Vorwürfen zu entgehen, hatte der südafrikanische Verband eine zufällig in Südafrika ihren Urlaub verbringende kanadische Ärztin gebeten, die Urinabnahme zu übernehmen.
Der Urin war auch nicht, wie in den Regeln vorgeschrieben, im Handgepäck des Kontrolleurs transportiert worden. Ein damit beauftragter Herr Hattingh war im Auto von Stellenbosch nach Kaptstadt gefahren und von dort nach Johannesburg geflogen. Dort gab er den Koffer mit den Urinproben als Luftfracht nach Deutschland auf. Sechs Stunden lagen die Proben danach unbeaufsichtigt in einem Frachtraum. Die Maschine, mit der sie nach Deutschland geflogen wurden, landete in Frankfurt/Main. Dort wurden die Proben nach Köln umgeladen. Dort langten sie am Sonnabend, dem 25. Januar, gegen 9 Uhr an. Abgeholt wurden sie von einer Spedition am Dienstag, dem 28. Januar, und dann in das Dopinglabor transportiert. Die entsprechende Regel schrieb vor, dass sie „auf dem schnellsten Wege an das Labor“ geliefert werden sollten.
Nach ihrer Rückkehr aus Südafrika war Katrin Krabbe am 5. Februar in Neubrandenburg einer weiteren Dopingkontrolle unterzogen worden. Der Befund war negativ.
Am 4. April 1992 entschied der Rechtsausschuss des Deutschen Leichtathletik-Verbandes, dass die Suspendie-

rung der Athletinnen – ursprünglich für zwei Jahre verhängt – am 15. Mai 1992 endet. Die Betroffenen verzichteten auf Schadenersatz. Wörtlich: „Der DLV geht davon aus, dass kein Vergehen vorliegt, und macht daher auch keine Meldung an den Weltverband."

Um die Dimension dieser Entscheidung zu erfassen, war die Lektüre jenes Traktats dem Leser vielleicht doch zumutbar.

Als bei einer späteren Dopingkontrolle Spuren von Clenbutorol in Krabbes Urin gefunden wurde – das Mittel stand zu diesem Zeitpunkt nicht auf der Anti-Dopingliste des DLV – wurde sie wegen „Medikamentenmissbrauchs" für vier Jahre gesperrt. Der Prozess, den sie daraufhin gegen die internationale Förderation (IAAF) führte, endete 2002: Die Föderation musste Katrin Krabbe Schadenersatz in Höhe von 1,2 Millionen DM zahlen! Anzumerken: Sie war also nie nachweisbar wegen Verletzung der Dopingregeln belangt worden!

Am 19. Februar 2009 wurde verbreitet, dass Katrin Krabbe und ihr Ehemann, der Rechtsanwalt Michael Zimmermann, Insolvenz angemeldet hätten.

Im „Nordkurier" (20. Februar 2009) las man: „Beide Verfahren seien eröffnet und die Zahlungsunfähigkeit der Schuldner festgestellt worden. ... das Finanzamt hatte 2002 über die Medien erfahren, dass Katrin Zimmermann etwa 700.000 Euro Schadenersatz zugesprochen worden waren. Offensichtlich hatte das Paar für das fragliche Jahr keine Steuererklärung abgegeben, bestätigte indirekt Klaus Oerters, der allerdings keine weiteren Einzelheiten an die Öffentlichkeit geben wollte ... Generell sei es so, dass ein Schadenersatz auf ‚entgangenen Gewinn' ... zu versteuern sei. Bei hohen Summen behalte der Fiskus bis zu 45 Prozent ein. ... Katrin Zimmermann wollte sich gegenüber Nordkurier zu dem Thema nicht äußern. Ihrer Ansicht nach handele es sich um eine Privatangelegenheit."

MÄRKISCHER SAND ...

Der märkische Sand hat schon Geschichte gemacht. Nicht nur mit dem Lied von der Märkischen Heide und dem Märkischen Sand, samt hochfliegendem roten Adler. 1923 wurde es von einem gewissen Gustav Büchsenschütz geschrieben und in den 30er und 40er Jahren von den Nazis im Brandenburgischen arg strapaziert. Wohl deshalb geriet es in der DDR fast in Vergessenheit. Aber seit der Neubildung des 1952 aufgelösten alten preußischen Kernlandes Brandenburg im Jahre 1990 wurden Text und Melodie, wie so manches, aus der Mottenkiste hervorgeholt und gelten nun wieder als offizielle Hymne des neuen Bundeslandes.
Aber der Lob- oder Spottgesang auf den brandenburgischen Sand ist noch älter. Seit dem Mittelalter nannte man das Gebiet zwischen Barnim und Lausitz, das die Eiszeit dort mit abgelagerten Sandschichten hinterlassen hatte, die „Streusandbüchse des Heiligen Römischen Reiches deutscher Nation". Und Sand galt als etwas Unfruchtbares, Armseliges, auch Unsicheres.
Schon im Neuen Testament der Bibel hat sich der Evangelist Matthäus gewissermaßen als Bauberater betätigt. Er rät nämlich im Kapitel 7 seines Evangeliums jedem, der klug sein will, sein Haus auf Fels, also auf einem festen Untergrund zu bauen. Er mahnt zugleich in diesem Kapitel Vers 26: „Und wer diese meine Rede hört und tut sie nicht, der gleicht einem törichten Mann, der sein Haus auf Sand baute." Aus dieser Mahnung ergaben sich dann Volksweisheiten, wie etwa der landläufige Spruch, dass man etwas auf Sand baut oder etwas in den Sand setzt.
Aber obwohl Brandenburg mit Manfred Stolpe jahrelang einen Kirchenmann zum Ministerpräsidenten hatte,

scherte man sich nicht um solche weisen biblischen Voraussagen. Das Ergebnis ist verschiedenen Orts, so beim Cargolifter-Pleitebau in Brand, bei der schon vor ihrer Arbeitsaufnahme insolventen Chipfabrik in Frankfurt/Oder, am größenwahnsinnigen Lausitzring bei Klettwitz und an weiteren Orten kapitalistischer Fehlleistungen zu besichtigen.

Jedenfalls wurde in Brandenburg einiges nicht auf festem Untergrund gebaut, wohl aber mit viel Fördermitteln, die meist von Ost nach West zurückflossen, weil „Investoren“ und Baubetriebe oft aus dem Westen des Vaterlandes stammten. Daran waren außer dem Kirchenmann Stolpe auch verschiedene Minister nicht ganz unschuldig. Deren Tun und Lassen trug wie mancherorts in Neufünfland auch in Brandenburg dazu bei, manches auf Kosten der Steuerzahler in den Sand zu setzen, das Land zu verschulden, bis es schließlich als arme Kirchenmaus am Ende der Erfolgsliste deutscher Länder herumwuselte, während die Schuldigen ungeschoren den lieben Gott einen guten Mann sein ließen. Ein paar Staatsanwälte mühten sich, Recht und Ordnung zu sichern. Aber die kriminelle Energie der Täter obsiegte meist über rechtsstaatlich zu erwartende Rechtschaffenheit.

Da wäre zum Beispiel der Fall des ehemaligen brandenburgischen Ministers für Ernährung, Landwirtschaft und Forsten, Edwin Zimmermann. Der Mann von hünenhafter Gestalt, 1948 geboren, hatte in der DDR glänzende Möglichkeiten, sich auszubilden und eine ehrsame Karriere zu beginnen. Von 1965 bis 1967 absolvierte er eine Berufsausbildung als Landmaschinen- und Traktorenschlosser, arbeitete von 1967 bis 1971 als Schlosser und Dreher, qualifizierte sich zum Spinnereimeister in einem damals noch produzierenden Textilbetrieb in der Niederlausitz. Von 1975 bis 1978 nahm er, um in die Landwirtschaft zurückzukehren, ein Studium für Landtechnik an einer Fachschule auf und war anschließend bis 1990 als Abteilungsleiter für Transport und Umschlag in einem Großbetrieb tätig. Zur Zeit der sogenannten Wende trat er der SPD bei, wohl wissend, dass in dieser Partei im Osten fachlicher Kadermangel herrscht. Mit der DDR-Ausbildung im Rücken wurde er nach Bildung des Landes Brandenburg von SPD-Ministerpräsident Stolpe als Quereinsteiger zum Minister für Ernährung, Landwirtschaft und Forsten berufen.

1992 wurde er im Wahlkreis 29 (Dahme/Spree), wo auch sein Heimatort Dahme mit dem inzwischen aus der LPG ausgeschiedenen Familienhof liegt, in den Landtag gewählt. Die ganze Zeit über wollten allerdings Gerüchte nicht verstummen, dass zwischen ihm als Minister und seinem Familienhof, der während seiner ministeriellen Abwesenheit von seiner Tochter gelenkt wurde, „etwas laufe".

1997 wurde dann Anzeige erstattet; wegen des schwerwiegenden Verdachtes auf Veruntreuung von öffentlichen finanziellen Mitteln. Es war ruchbar geworden, dass der Betrieb von Zimmermanns Tochter, in dem man, weil sich reine Landwirtschaft in einer Welt, in der täglich Zehntausende vor Hunger sterben, angeblich nicht mehr lohne, eine Schaubäckerei als Touristenmagnet eingerichtet hatte, laufend mit Fördermitteln aus dem väterlichen Ministerium versorgt wurde. Angeblich wurden dabei Arbeitsplätze, sogenannte ABM-Stellen, geschaffen, was bei der hohen Arbeitslosigkeit schon mal Gold – oder einfacher: Geld aus Fördertöpfen – wert war. Die Crux bestand freilich darin, dass das Geld in die privaten Taschen der Familie Zimmermann floss, weil die Arbeitsstellen nur auf dem Papier bestanden. Es ging um beträchtliche Beträge. Man sprach von fünf- bis sechsstelligen Summen.

Es dauerte fünf Jahre, bis es nach jahrelangen Verschlep-

pungsversuchen 2002 zu einem Prozess kam. In seinem Vorfeld war ein enger Mitarbeiter Zimmermanns plötzlich zu Tode gekommen. Man munkelte von „Selbstmord eines wichtigen Zeugen". Geklärt wurde der Fall nie.
Von Zimmermann war nur bekannt, dass er es sich bis zum Prozessbeginn wohl ergehen ließ. Er hatte, immer noch im Besitz eines Landtagsmandats mit entsprechenden Diäten, sein wohldotiertes Auskommen. Außerdem gründete er 1998 eine „Beraterfirma". Sicherlich ein einträgliches Geschäft, wenn man bedenkt, über welche Beziehungen der 1997 aus dem Ministeramt geschiedene Zimmermann verfügte. Außerdem wurde er 1999 Präsident des Landessportbundes Brandenburg. Der Exminister lebte also nicht schlecht. So etwas lernt man in der von ihm gewählten Umgebung rasch. Der Prozess vor der 1. Strafkammer des Landgerichts Potsdam endete mit einem skandalösen Freispruch.
Aber das Fehlurteil war wohl zu krass und so schwerwiegend, dass der Bundesgerichtshof das Urteil aufheben musste und den Fall nun an die zweite Kammer des Potsdamer Landgerichts zurückverwies. Als Ende 2003 klar wurde, dass der zweite Prozess nicht so glimpflich verlaufen würde, ließ sich Zimmermann am 13. Dezember 2003 vom Posten des Landessportchefs ablösen. In allen Ehren versteht sich.
Am 18. Februar 2004, sieben Jahre nach dem Auffliegen der „Backofenaffäre", sprach die zweite Kammer des LG Potsdam das zweite Urteil, nachdem es als erwiesen angesehen wurde, dass Zimmermann bis 1997 mit seinem Büroleiter „mit krimineller Energie", wie es offiziell hieß, Antragsunterlagen für die Schaubäckerei manipuliert hatte, um in den Genuss von Fördermitteln zu kommen. Wer geglaubt hatte, es würde nun ein der Schwere der Untreue entsprechendes Urteil gefällt werden, sah sich erneut von der Justiz enttäuscht. Zimmermann erhielt elf

Monate Freiheitsentzug auf Bewährung und eine sicherlich aus der Portokasse zu begleichende Geldstrafe von 5.000 Euro.
Im übrigen ist Zimmermann weiter als Berater in seiner eigenen Firma und war bis Herbst 2004 Landtagsabgeordneter.

*

Oder da ist der Fall des Ministers für Stadtentwicklung, Wohnungsbau und Verkehr des Landes Brandenburg, Hartmut Meyer, der im September 2003 nach hinhaltendem Widerstand seinen Posten aufgeben musste. Es war bekannt geworden, dass Meyer mit dem Ex-Chef der Deutschen Bundesbahn, Hartmut Mehdorn, Ende 2002 einen über 10 Jahre laufenden Vertrag für eine 75-prozentige, also fast monopolartige Nutzung des Brandenburger Schienennetzes unterzeichnet hatte, ohne dabei die nach deutschem und europäischem Recht notwendige Ausschreibung vorgenommen zu haben. Denn andere Bahnbetreiber wollten auch die Gleise nutzen. Das ist nun mal eine Folge der Privatisierung. Diese Bevorteilung der Deutschen Bahn AG gegenüber einigen Konkurrenten (z.B. Connex), die dem Unternehmen etwa 2 Milliarden Euro Gewinn einspielen dürften, hatte Bahnchef Mehdorn ordentlich honoriert. Meyer sollte im Falle seines vorhersehbaren Ausscheidens einen hochdotierten Posten als Berater der Deutschen Bahn AG erhalten.
Die in der DDR begonnene und von niemandem „verfolgte" Laufbahn des Hartmut Meyer sollte so gekrönt werden. Entgegen jener bis zum Überdruss verkündeten Propaganda, in der immer geschildert wird, wie unterdrückt jene DDR-Bürger waren, die sich nach 1989 zu „Oppositionellen" wendeten, verlief die Karriere Meyers vor und nach der sogenannten Wende ziemlich bruchlos. 1943 in Merseburg geboren, wächst Meyer von der Stasi

ungehindert in der DDR auf, macht sein Abitur, arbeitet zunächst als technischer Zeichner, studiert von 1963 bis 1968 Maschinenbau und schließt mit dem Diplom als Ingenieur ab. Er arbeitet ein Jahr als Programmierer und ist von 1970 bis 1980 Leiter eines Organisations- und Rechenzentrums. Er absolviert zwischendurch ein zweites Studium auf dem Gebiet der Bauwirtschaft und bekleidet 1980 bis 1990 den Posten eines Fachdirektors in einem brandenburgischen Baukombinat. Als der Betrieb, der Treuhand in die Hand gefallen, „privatisiert" wurde, blieb Meyer 1990 im Vorstand der Märkischen Bau AG. Das blieb er auch bis 1991, obwohl er 1990 angesichts der schon geschilderten schmalen Kaderdecke der SPD gleichzeitig auch noch Landrat im Kreis Barnim wurde. Landrat war er bis 1993, dem Zeitpunkt seiner Berufung zum Minister. Danach musste er jenen Minister Wolf aus Potsdam ablösen, der in einen privaten Immobilienskandal verwickelt war, einen Auftragskiller engagiert hatte, um seine Frau umbringen zu lassen, und deswegen 2002 zu fünf Jahren Haft verurteilt worden war.

Aus Meyers Sicht, unter dessen ministerieller Regentschaft die Landesentwicklungsgesellschaft als Folge von Spekulationen Insolvenz anmelden musste, ergaben sich keine Interessenkonflikte. Für ihn war es schlicht normal, dass er gleichzeitig mit seinen staatlichen Ämtern von 1990 bis 1994 Mitglied der Treuhandstelle des Verbandes Berlin-Brandenburgischer Wohnungsunternehmen, Mitglied des Verwaltungsrates der Investitionsbank Brandenburg sowie Mitglied des Beirates der Commerzbank war. An seinem 60. Geburtstag legte er die Ministerbürde ab, ist als Berater – hochdotiert – für die Deutsche Bahn AG tätig und kann in einem Alter, in dem Normalsterbliche zum Weiterarbeiten aufgefordert werden, als Frührentner gelassen dem Lebensabend entgegensehen.

Nur um der Chronistenpflicht zu genügen: Herr Mehdorn hatte bis zu seinem unfreiwilligen Rücktritt trotz roter Zahlen bei der Bahn, die angeblich immer wieder Preiserhöhungen und Personaleinsparungen erforderlich machen, für eine ganze Reihe von deutschen Ex-Länderministern solche auskömmlichen Beraterpositionen geschaffen, damit sie nach dem Ausscheiden aus den Staatsdiensten nicht am Hungertuch nagen müssen. Es seien hier nur einige Namen genannt:
Jürgen Heyer (SPD), ehemaliger Verkehrsminister von Sachsen-Anhalt; Graf von Waldenfels (CSU), ehemaliger Finanzminister von Bayern; Klaus Wedemeier (SPD), ehemaliger Bürgermeister von Bremen; Ernst Schwanhold (SPD), ehemaliger Verkehrsminister in Nordrhein-Westfalen. Die Fahrgäste der DB sollten beim Kauf immer teurer werdender Fahrkarten einmal nachfragen, ob man nicht auf die Beraterarmee verzichten und für das eingesparte Geld die Tarife verbilligen könnte?
Aber, um es nicht zu vergessen, schon weil wir in einem Rechtsstaat leben: Am 16. März 2004 wurde durch die Medien bekannt gemacht, dass die Staatsanwaltschaft Neuruppin gegen Hartmut Mehdorn und gegen Hartmut Meyer wegen Verdachts auf Bestechung und Bestechlichkeit ermittelt. Das Verfahren gegen Mehdorn wurde im Mai 2004 eingestellt. Gegen Meyer – so gab am 2. Juni 2004 die Neuruppiner Staatsanwaltschaft bekannt – wird ebenfalls seit dem 21. Mai nicht mehr ermittelt. Der geäußerte Korruptionsverdacht könne nicht bewiesen werden, hieß es zur Begründung. Das klingt so, als wenn ein Angeklagter vor Gericht aus Mangel an Beweisen freigesprochen würde. Ein Unschuldsattest stellt ein solcher Spruch nicht dar.

*

Da ist auch der Fall beim brandenburgischen Justizministers Prof. Dr. Kurt Schelter. Als 1999 die SPD von „Landesvater“ Stolpe die absolute Mehrheit im Potsdamer Landtag verlor und es zu einer großen Koalition kam, rückte Ex-Bundeswehrgeneral Jörg Schönbohm, Ex-Staatssekretär für Rüstungsfragen im Bundesministerium für Verteidigung, Auflöser der NVA, später Berliner Innensenator und danach neuer CDU-Vorsitzender in Brandenburg, als Innenminister ins Kabinett von Ministerpräsident Manfred Stolpe. Als Ex-General wusste er, wie man Machtpositionen besetzt. Und so reklamierte er für seine CDU neben dem Innenministerium auch das Justizministerium. Da zu dieser Zeit auch bei der CDU keine geeigneten Ostkader zur Verfügung standen, rief er seinen alten Freund Prof. Dr. Schelter aus München, gerade ohne angemessene Arbeit, ins Justizministerium.
Schelter war in Justiz- und Sicherheitsfragen kein unbeschriebenes Blatt. Da er aus Bayern kommt, gehörte er der CSU an. Als promovierter Jurist mit Nähe zum BND in Pullach bei München war er zunächst Protokollchef der Bayerischen Staatsregierung und wurde dann von Kohl, auf Vorschlag des damaligen CSU-Chefs Waigel, als Staatssekretär ins Bundesinnenministerium berufen. Durch den Regierungswechsel in Bonn verlor er 1998 diesen Posten, für Schönbohm zur rechten Zeit, um den bisherigen, aus Sicht des Generals etwas laschen, parteilosen Justizminister Bräutigam in Potsdam abzulösen.
Schelter begann dann auch sofort die Justiz in Brandenburg zu „reformieren“. Weil in Bayern der Stand der inneren Sicherheit nach Meinung von Fachleuten, darunter auch des rechtslastigen Hamburger Polizeisenators Roland Barnabas Schill, höchsten Anforderungen gewachsen war, sollte fortan auch Brandenburg am bayerischen Justizwesen genesen. Allerdings gab es noch eine Kleinigkeit zu verändern. Er konnte nicht als CSU-Mit-

glied in eine Landesregierung eintreten, in deren Zuständigkeitsbereich gar keine CSU vorhanden war. So wurde er CDU-Mitglied, behielt aber die CSU-Mitgliedschaft bei ebenso wie seine Villa am Starnberger See. Dadurch wurde es auch ganz nebenbei möglich, Trennungsgeld zu beziehen, was sich als Zubrot zum ohnehin nicht bescheidenen Minister-Westgehalt in der ostdeutschen Diaspora mitnehmen ließ.

Allerdings – und das sollte bei der Beendigung seiner Brandenburger Laufbahn noch eine Rolle spielen, ließ er sich mit Hilfe von CDU-Freunden auf Immobilenspekulationen ein. Das verlief im allgemeinen in Neufünfland für viele Wessis erfolgreich und gewinnträchtig. Offenbar nicht so bei Schelter, der in eine Schuldenfalle geriet. Es kam zum Streit mit dem Kanzleichef des sozialdemokratischen Ministerpräsidenten, Rainer Speer (SPD), der die private Verschuldung des Ministers öffentlich machte und dessen Gehalt pfänden ließ.

Das war ein erster Stein des Anstoßes. Schelter konnte es freilich als Justizminister nicht unterlassen, gegen Speer wegen „Verleumdung" zu klagen. Während die staatsanwaltlichen Untersuchungen gegen Speer eingestellt wurden, blieben die dubiosen Geschäfte des Justizministers im Fokus der Justiz. Das hatte solange keine Folgen, bis Schelter wegen eines weiteren Gesetzesverstoßes wiederum in die Schusslinie geriet.

Der Minister für Justiz des Landes Brandenburg stürzte am 24. Juli 2002 nicht über seine dubiosen Spekulationsgeschäfte, sondern über eine höchst unkorrekt praktizierte Handhabung des Rechts.

Nachdem sich viele Westbeamte zehn Jahre lang gemüht hatten, den unteren Chargen der ostdeutschen Justiz beizubringen, dass im Gegensatz zum „Unrechtsstaat" DDR nun endlich die Unabhängigkeit der Richter eingeführt würde, ließ Schelter im Oktober 2001 durch seinen Büroleiter eine Richterin in Neuruppin unter Druck setzen. Sie sollte, obwohl gar nicht im Dienst, übers Wochenende im Eilverfahren einen Haftbefehl gegen einen Immobilienbetrüger aussetzen. Der Betreffende, ein Westberliner CDU-Mitglied, war Mandant des Rechtsanwalts und ehemaligen CDU-Staatssekretärs beim Berliner Senat, Lutz von Pufendorf. Der hatte, um den Mandanten zu retten, seinen ehemaligen Senatskollegen vom Innenressort, Schönbohm, gebeten, bei Schelter zu intervenieren, damit der des Subventionsbetruges Beschuldigte nicht in Haft genommen würde. Schönbohm rief Schelter im Wochenendurlaub am Starnberger See an, und der Minister wies seinen Büroleiter telefonisch an, bei der Richterin in Neuruppin zu intervenieren. Da die Richterin aber glaubte, im Rechtsstaat angekommen zu sein und also der Unabhängigkeit der Richter vertraute, führte sie zwar die Weisung durch, reichte aber zugleich Beschwerde über die Handlungsweise des Ministers beim Richterbund ein.

Eine Lawine kam ins Rollen, vor der zunächst der Büroleiter kapitulierte, indem er um seine Versetzung bat. Erst im Juli 2002 wich Schelter – uneinsichtig zwar noch immer, nun aber der Not gehorchend – aus seinem Amt. Nicht ohne vorher noch einmal trotzig vor der Presse erklärt zu haben, dass er in der gleichen Situation das gleiche wieder tun würde.

Schelter ist wegen der Aufgabe seines Potsdamer Amtes nicht untergegangen. Da er diverse – es wurde nie geklärt, ob in seiner Position erlaubt oder nicht – Nebenämter innehatte, lebte er trotz offenbarer Immobilienschulden bislang noch ganz gut von seinen Einkünften als Ex-Minister, als Professor an der Uni München, als Inhaber einer Beraterfirma und so weiter.

Nur eine Einkunft entfiel. Er war nämlich auch Mitherausgeber und Geschäftsführer der „medienport"-(mp)-

Verlagsgesellschaft mbH, in Hamburg, die u.a. juristische Nachschlagewerke editiert. Nach seinen Brandenburger Skandalen und möglicherweise anderen verlagsschädigenden Vorfällen wurde Schelter von einer außerordentlichen Gesellschafterversammlung seines Geschäftsführerpostens enthoben. Daraufhin wurde auch der Herausgebervertrag am 26. April 2004 gekündigt.
Da der Jurist Schelter aber offenbar von rechtswidrigen Handlungen nicht lassen konnte, setzte er sich nach seinem de-facto-Hinauswurf noch in den Besitz der Adressenkartei, um damit Werbeadressen für sich zu vereinnahmen. Der Verlag veröffentlichte daraufhin am 3. Mai folgende Pressemitteilung:
„Professor Dr. Kurt Schelter schrieb mit Fax vom 25.4.05 Kunden an, deren Adressen er aus dem Adressenpool der mp-Verlagsgesellschaft erlangt hatte. Das Fax versandte er ausweislich der Kopfzeile des Faxes jedoch erst am 28.04.04.
Prof. Dr. Schelter bedient sich also auch nach der schriftlichen Kündigung seines Herausgebervertrages am 26.4.04 dieser Adressen und fügt dem Verlag dadurch erheblichen Schaden zu."
Inzwischen hat sich auch herausgestellt, dass Schelter durch seine doppelten Wohnsitze auch in die Brandenburger Trennungsgeldaffäre involviert ist. Außerdem hat er nach seinem Ausscheiden aus den brandenburgischen Staatsämtern seine neuen Einkünfte nicht gemeldet, so dass er überhöhte Übergangsgelder kassiert und nicht versteuert hat. Er empfing also beachtliche Summen aus der Staatskasse – auf Kosten des Steuerzahlers.
Von einer Anklage, geschweige denn einer Verurteilung von Prof. Dr. jur. Schelter ist indessen bislang nichts bekannt.

*

Um noch einen Aufsehen erregenden Fall des „Aufbau Ost“ genannten West-Monopoly-Spiels zu nennen, muss über den zeitweiligen Brandenburgischen Wirtschaftsminister Dr. Wolfgang Fürniss gesprochen werden.
Fürniss, 1944 in Heidelberg geboren, studierte von 1966 bis 1971 in seiner Heimatstadt Politische Wissenschaften, Geschichte und Anglistik. Seit 1968 ist er Mitglied der CDU. Beruflich begann seine interessante Laufbahn 1973 nach dem zweiten Staatsexamen als Beamter der Landesregierung Baden-Württemberg, zunächst als persönlicher Referent des damaligen Kultusministers Hahn, und landete danach als Büroleiter im Innenministerium unter Leitung von Roman Herzog, des späteren Verfassungsrichters und Bundespräsidenten. Von 1984 bis 1992 war Fürniss Oberbürgermeister der sogenannten „Großen Kreisstadt“ Wiesloch (25.000 Einwohner). Auf den ersten Blick scheint es überraschend, dass eine 25.000-Einwohner-Gemeinde von einem Oberbürgermeister regiert wird, denn diese gibt es in der Regel erst für Großstädte mit über 100.000 Einwohnern. Aber die seit 1972 für das Land Baden-Württemberg geltende Gemeindeordnung sieht solche Stadtoberhäupter vor, wenn diese Städte vor der Reform kreisfreie Städte waren oder mindestens 30.000 Einwohner zählen. Da Wiesloch die erste Bedingung erfüllte, durfte sich das durch seinen Weinbau berühmt gewordene Städtchen einen Oberbürgermeister leisten. Weil also Ausnahmen ein Merkmal für die Regeln der Bürokratie zu sein scheinen, richtete Baden-Württemberg neben seinen Großstädten 88 „Große Kreisstädte“ ein. Auch Bayern folgte dem Beispiel und nach 1990 auch Sachsen. Andere Länder wissen zwischen Groß- und Kleinstädten noch zu unterscheiden.
Seine fachliche Qualifikation für den neuen Posten kann man dem politischen Werdegang von Fürniss nicht so

recht entnehmen. Als Oberbürgermeister von Wiesloch machte er sich als Erstes daran, das Städtchen mit einem überdimensionalen Tagungs- und Kongresszentrum auszustatten, das durch seine Minderauslastung für einen Schuldenberg von 60 Millionen DM sorgte. Das könnte Missstimmung verursacht haben, die dazu führte, dass Fürniss bei der Neuwahl 1992 auf eine erneute Kandidatur verzichtete und schnell in die besser bezahlte Wirtschaft wechselte.

Neben Wiesloch liegt nämlich Walldorf mit der weltbekannten Softwarefirma SAP. Dort wurde er zunächst Personalchef. Später übernahm er den Posten des „Generalbevollmächtigten“ für die „Pflege der Außenbeziehungen“ des Konzerns. Das führte ihn auch in die USA. Dort verlieh ihm 1996 die Universal Michigan University den Titel eines „Distinguished Adjunct Professor of International Business“, was man etwa mit „Ausgezeichneter Hilfsprofessor für Internationale Geschäftsbeziehungen“ übersetzen könnte. Das klingt im Amerikanischen – nur dort gibt es derlei – etwa so hochtrabend wie im Süden Deutschlands der Titel „Oberbürgermeister“ in einer Kleinstadt. Aber Fürniss wäre nicht Fürniss, wenn er nicht weiter Titel gesammelt hätte.

Um den US-amerikanischen „Professoren-Titel“ noch akademisch zu untermauern, promovierte er mit Hilfe eines emeritierten Sportprofessors der Heidelberger Universität zum Doktor phil. mit dem weltbewegenden Thema „Die Förderung der Bewegung als Aufgabe kommunaler Daseinsfürsorge“.

Als er dann 1998 mit seiner Kandidatur zum Oberbürgermeister für die Universitätsstadt Heidelberg durchfiel, war er offenbar reif für einen Posten im Osten.

Und so kam es, dass am 13. Oktober 1999 Herr Prof. Dr. Wolfgang Fürniss im Potsdamer Landtag seinen Amtseid als Wirtschaftsminister des Landes Brandenburg

ablegte. Mit seinem Titel hatte er dann aber gleich seinen ersten Ärger. Die Universität Heidelberg verklagte ihn wegen ungerechtfertigten Führens eines akademischen Titels, für den es in Deutschland keinerlei Berechtigung gab. Im November 2000 wurde der Streit gerichtlich insofern beigelegt, dass Fürniss auf den Titel verzichten musste und die Gerichtskosten zu begleichen hatte.
Dennoch versuchte Fürniss – so wie zahllose andere Westimporte –, seine „Kompetenz" für den Aufbau Ost unter Beweis zu stellen. Die Ossis sollten endlich lernen, wie kapitalistische Wirtschaft funktioniert. Dabei zeigte sich der CDU-Wirtschaftsminister unfähig, eine in Brandenburg so traditionelle Wirtschaft wie die Textilindustrie oder die zu DDR-Zeiten im Land entwickelte Schwerindustrie oder auch Produktionsstätten der chemischen oder der elektronischen Industrie, die alle aus Konkurrenzgründen von der Treuhand zerschlagen worden waren, zu erneuern.
So begann man, das Fahrrad in bestimmten Branchen neu zu erfinden, und „entdeckte" nach zehn Jahren recht erfolgloser Marktwirtschaft in Neufünfland, dass im Umfeld des Halbleiterwerks in Frankfurt/Oder ein Stamm gut ausgebildeter und hochmotivierter Arbeitskräfte ansässig war. Das brachte Fürniss auf den Gedanken – sicherlich auf Erfahrungen der SAP-AG fußend –, hier wieder Größeres auf die Beine zu stellen. Beim Aufbau Ost war man auf die Idee gekommen, „industrielle Kerne" zu errichten, um die herum sich eine Gewerbewirtschaft entwickeln sollte. Dass es ursprünglich diese industriellen Kerne einmal gegeben hatte, die nur der sinnlosen Zerstörung von Volksvermögen zum Opfer gefallen waren – was de facto der entschädigungslosen Enteignung von Volkseigentum gleichkam –, hatte man wie so vieles aus dem Gedächtnis streichen wollen.
Fürniss war mit dem neuen Chef des Restunternehmens

des einstigen Frankfurter Halbleiterwerkes (nun Communicant), Prof. Abbas Ourmazd, bekannt geworden. Der hatte die Idee, die Erfindungen seines Institutes auf dem Gebiet der Chip-Herstellung am Ort der Forschung auch produzieren zu lassen. Die an sich nicht sehr originelle Idee des iranischen Professors gefiel dem neuen Wirtschaftsminister. Er hatte herausgefunden, dass Ourmazd ein richtiger Professor und Oxford-Absolvent war, der eine Zeitlang als Abteilungsdirektor beim amerikanischen Elektronikriesen AT&T gearbeitet hatte, bevor er an die Brandenburgische Technische Universität berufen wurde. Seine Lehrtätigkeit übte er freilich nur kurze Zeit bis 1995 aus, denn er wurde in das in Liquidation befindliche Frankfurter Halbleiterwerk „beurlaubt" (!), um dort (im Auftrag von AT&T?) den Forschungsbetrieb, der aus den Resten des VEB Halbleiterwerkes ausgegliedert worden war, und mit dem Halbleiterinstitut IHP das Unternehmen Communicant zu errichten und zu verwalten. Communicant sollte als Forschungsbetrieb den Grundstock für ein „Wunder an der Oder" bilden: Eine Chipfabrik mit 1.500 Arbeitsplätzen.
Nun weiß man nicht nur in Neufünfland, dass der Neubau solcher Unternehmen viel Geld kostet, das aber wegen der fatalen Arbeitskräftelage von den Landesregierungen in Form von Fördermitteln gezahlt wird. Ourmazd klemmte sich hinter den neuen Wirtschaftsminister, der dadurch aufgefallen war, dass er in Brandenburg große Sprünge zeigen wollte. Und Ourmazd hing ihm listig eine Rübe an die Deichsel des neuen Supergefährts „Chipfabrik". Durch seine Nahost-Herkunft hatte Ourmazd Beziehungen zum reichen Öl-Emirat Dubai. Witzbolde fanden heraus, dass Brandenburg und Dubai ideale „Bruderstaaten" wären – schon wegen des vielen Sandes. Der Unterschied war, dass unter dem Sand von Dubai reiche Bodenschätze lagerten, während auf dem

„märkischen Sand“ nur noch die von Büchsenschütz besungenen „dunklen Kiefernwälder“ wuchsen.
Dennoch jubelte alles dem Wirtschaftsminister zu, als er Anfang 2001 von einer Dienstreise aus Dubai zurückkehrte und verkündete, das Emirat Dubai werde sich mit Millionensummen an der 1,3-Milliarden-Investition für die Chipfabrik beteiligen. Einen anderen Investor hatte Fürniss dann plötzlich auch noch bei der Hand. Es war ausgerechnet das US-amerikanische Konkurrenzunternehmen Intel, das aber wohl nur ein scharfes Auge auf die neuen Technologien aus dem IHP werfen wollte. Der amerikanische Chiphersteller wollte die Zeit bis zur Inbetriebnahme der Chipfabrik, die immer wieder verschoben werden musste, für seine eigenen technologischen Neuerungen nutzen. Nachdem er inzwischen ein eigenes Chipwerk in Dresden mit neuester Technologie errichtet hat, wurde deutlich, dass dieser Coup gelang.
Was inzwischen auf Frankfurts vorstädtischen Sandfeldern geschah, wurde von der Öffentlichkeit voller Hoffnung, aber auch argwöhnisch verfolgt. Wie oft genug erlebt, wurde laut gegackert, ehe überhaupt ein Ei in Sicht kam, und Vorschusslorbeer verteilt. Inzwischen zog sich der Streit um die Finanzierung in die Länge, bis der brandenburgischen Landesregierung der Geduldsfaden riss und sie ihren Anteil an der Finanzierung benutzte, um wenigstens den Baubeginn festzulegen und schließlich mit der Errichtung der Fabrik zu beginnen. Das geschah am 7. Mai 2001, ohne dass sich danach auch nur eine Karre voll Sand bewegte.
Es folgte ein Skandal-Kalendarium.
Am 12. September 2001 tönte Minister Fürniss im Landtag, die Finanzierung würde bis Jahresende „stehen“. Finanzministerin Ziegler blieb skeptisch beim Kopfschütteln.
Am 5. Februar 2002 teilte der Chef von Communicant

und Chefvermittler im Finanzdeal mit Dubai, Prof. Ourmazd, mit, dass sich die Finanzierungsverhandlungen mit Dubai in der entscheidenden Phase befänden.
Daraufhin beschloss das Potsdamer Kabinett am 5. März 2002 eine indirekte Landesbeteiligung an der Chipfabrik in nicht genannter Höhe. Die Rede war von 300 Millionen Euro.
Danach unterschrieben die Investoren Intel und Dubai sowie die Investitionsbank Brandenburg die Vorverträge.
Am 1. August 2002 sagte Bundeskanzler Schröder zu, an der mehrmals verschobenen Grundsteinlegung teilzunehmen. Die Angelegenheit wurde zur Chefsache!
Am 14. August 2002 fand die Grundsteinlegung ohne Schröder statt, der offenbar in der Angelegenheit kalte Füße bekommen hatte. Bundesforschungsministerin Bulmahn vertrat ihn. Alles schien trotz der Kanzlerabsage gelaufen zu sein, obwohl immer mehr Zweifler auftauchten. Unter Mediengetöse wurde verkündet: „Jetzt geht's los."
Wirtschaftsminister Fürniss pendelte per Flugzeug eifrig zwischen Dubai und Potsdam und verkündete Tag für Tag: Das Geld ist bald unterwegs. Was er zunächst nicht sagte, was aber langsam wie ein Wasserrinnsal durch den Sand von Dubai bis in den Märkischen Sand durchsickerte, war, dass Fürniss mit größerer Energie als über das Chipfabrikgeschäft über einen privaten Kredit des Emirs von Dubai für sich persönlich verhandelt hatte. Es ging um die Kleinigkeit von 1,5 Millionen Euro, mit denen der Minister aus Wiesloch seine Steuerschulden im Zusammenhang mit dubiosen Immobiliengeschäften (Kongresszentrum in Wiesloch?) abzudecken gedachte. Der Skandal war perfekt, als die Beteiligten den obskuren Privat-Deal eingestehen mussten.
Am 11. November 2002 erklärte der Minister seinen Rücktritt und entschwand im Gegensatz zu seinem Kol-

legen Schelter stillschweigend – den Dubaikredit auf dem Konto – und mit sicherer Aussicht auf das ihm in der Bundesrepublik zustehende Ministerübergangsgehalt in seine schöne nordbadische Heimat. Inzwischen wurde bekannt, dass im Zusammenhang mit den privaten Millionen wegen Geldwäsche ermittelt wird. Auch dass Innenminister Schönbohm seinen Kumpel gewarnt haben soll, kam ans Licht. (Seitdem ist von einer CDU-Alarmkette die Rede.)

Im Dezember 2002 wurden die Bauarbeiten an der Frankfurter Chipfabrik zum ersten Male gestoppt, weil Dubai das versprochene Geld nicht überwiesen hatte.

Am 17. Juli 2003 meldeten die Zeitungen, dass trotz der ausstehenden Entscheidung des Bund-Land-Bürgschaftsausschusses an der Chipfabrik weitergebaut wird.

Am 18. November 2003 reichte der Bund-Land-Bürgschaftsausschuss die Entscheidung über die Finanzierung an die zuständigen Ministerien weiter. Weder das Finanzministerium noch das Wirtschaftsministerium mit seinem neuen und wieder von der CDU nominierten Chef Ulrich Junghanns (er war der letzte Vorsitzende der Demokratischen Bauernpartei der DDR und „überführte“ sie samt Vermögen in die Alt-Bundes-CDU) erklärten sich zuständig für solche Entscheidungen.

Darauf machte Ministerpräsident Platzeck in dieser Frage einen letzten Schnaufer und stellte nochmals 38 Millionen Euro in Aussicht, um zwei Tage später zu verkünden, dass die geforderten Bürgschaftsauflagen für die Investoren nicht erfüllbar sind. „Deshalb kann ich nicht damit rechnen, dass das Projekt fortgeführt wird.“

Das war das endgültige Aus für die Chipfabrik, deren Rohbau nun als Betonkasten die Zahl der Investruinen beim Aufbau Ost vermehrt und als Denkmal für kapitalistische Misswirtschaft in den märkischen Himmel ragt. Vielleicht wandelt man es – wie neuerdings in Mode gekommen – der Tourismusbranche zuliebe in ein Museum um. Bisher letzter Höhepunkt des Chipfabrikspektakels war die Forderung aus Dubai an die Landesregierung, die Vorauszahlungen des Emirats zurückzuzahlen. Das allerdings wird bisher von Ministerpräsident Platzeck tapfer abgelehnt.

Ähnliches wie über die Chipfabrik könnte man über den Versuchsbau für den Cargolifter (größte freitragende Montagehalle Europas) schreiben. Für Millionen wurde eine monströse Werkhalle in den Sand des kleinen märkischen Ortes Brand gesetzt, während die Entwicklungsarbeiten an dem „bisher größten Luftschiff der Geschichte“, dem „modernsten Transportmittel des 21. Jahrhunderts“ erst zu 20 Prozent erledigt waren. Das Unternehmen Cargolifter, von Fachleuten aus aller Welt von vornherein als Flop bezeichnet, entpuppte sich immer mehr als Traum des Erfinders dieser Idee, des Bankers und Juristen Carl Heinrich Freiherr von Gablenz. Alle, bis hin zu mehreren Wirtschaftsministern Brandenburgs und dem ohnehin von technischen Pleiten, Pech und Pannen verfolgten damaligen Ministerpräsidenten Stolpe, fielen auf die Utopien des Freiherrn herein, der mit einer 1937 bei Lakehurst verbrannten Transportlegende (Luftschiff LZ 129 „Hindenburg“) eine moderne Transporttechnik kreieren wollte. Es wurden Millionen Fördergelder in das Fass ohne Boden geschüttet. Nach der Pleite entdeckten südostasiatische Investoren, dass sich die im trockenen Sand stehende Halle als Touristenmagnet zum tropischen Vergnügungspark umbauen ließ. Wieder waren Brandenburgs Eliten begeistert dabei. Derzeit setzt man auf tropischen Aufschwung.

Der schon erwähnte Wirtschaftsminister Fürniss hatte während seiner Regentschaft auch die Idee einiger Formel-I-Narren, eine Autorennstrecke in die ausgebaggerte Gegend von Klettwitz in der Niederlausitz zu betonieren, für so hinreißend gefunden, dass er Millionen-Fördergelder bewilligte, die in einer Region mit über zwanzig Prozent Arbeitslosigkeit 200 (in Worten: zweihundert) Arbeitsplätze schaffen sollte. Vielleicht hatte Fürniss dabei die von seinen früheren Wirkungsorten Wiesloch/Walldorf nur ein paar Autominuten entfernt liegende Formel-I-Rennstrecke Hockenheimring im Kopf, deren Betreiber schon aus Konkurrenzgründen gegen einen dritten (neben Hockenheim und Nürburgring) deutschen Autorennkurs sein mussten. Niemand, der über die Finanzierung solchen Wahnsinns zu entscheiden hatte, machte sich Gedanken und warnte. Im Gegenteil: Versichert wurde, dass Südbrandenburg mit seinen ergiebigen märkischen Sandflächen besonders geeignet sei, dem Temporausch und Crashvergnügen, das nun auch in Neufünfland Einzug gefunden hatte, zu frönen. Ob und wann sich ein Staatsanwalt mit der Angelegenheit befasst, ist noch nicht bekannt.

DES GROSSINQUISITORS AUSKÜNFTE

Versichert wird von den Berichten des François Gayot de Pitaval, dass sich die von ihm gesammelten Fälle tatsächlich zugetragen haben, was allerdings kaum mehr nachprüfbar ist. Glauben wir denen, die es behaupten. „Kommentator“ Schiller betonte, dass die Verfasser – „wo es anging, dafür sorgten, die Zweifelhaftigkeit der Entscheidung, welche oft den Leser in Verlegenheit setzte, auch dem Leser mitzuteilen, indem sie für beide entgegengesetzte Parteien gleiche Sorgfalt und gleich große Kunst aufbieten.“

Derlei ist heutzutage oft vergeblich gefragt!

Doch kehren wir für ein Viertelstündchen in die Zeit des Pariser Advokaten zurück und lassen uns von ihm den bitteren Fall des Urban Grandier erzählen. Der Mann, „Sohn eines königlichen Notars zu Roueres, einem Marktflecken in Niedermaine, studierte bei den Jesuiten zu Bordeaux. Sein guter Kopf erwarb ihm ihre Gunst. Sie versorgten ihn nach vollendetem Studium mit der Pfarre von Sankt Peter zu Loudun und verschafften ihm noch überdies eine Pfründe an der Kollegialkirche zum heiligen Kreuz. Die Vereinigung zwei so beträchtlicher Pfründen auf dem Haupt eines Mannes, der in der Provinz ein Fremdling war, erregte bei verschiedenen geistlichen Herren Neid und Eifersucht, und er selbst äußerte in den nachherigen Zeiten der Verfolgung, seine Feinde hätten dabei mehr seine Pfründe als seine Person zum Zweck.“

Der Neid nahm noch zu, als Grandier Erfolg mit einigen Prozessen hatte und „bei aller Sanftmut und Gefälligkeit im Umgang mit seinen Freunden stolz und trotzig gegen seine Feinde“ war. Die Gegner Grandiers taten sich bald zusammen und schmiedeten ein furchtbares Komplott:

Sie überredeten die Nonnen des Ursulinerinnenklosters der Stadt zu beeiden, vom Teufel beherrscht zu sein, und Grandier als Schuldigen dafür zu benennen. Absurd, aber – das erlebt man schließlich heutzutage oft genug – selbst das Absurdeste wird geglaubt, wenn es nur eifrig genug behauptet wird. Der erste Anlauf, Grandier auf den Scheiterhaufen zu bringen, scheiterte daran, dass der regierende Monarch dem Spuk keinen Glauben schenkte, aber danach verfeinerte man die Methoden der Beschuldigung und lieferte angeblich unwiderlegbare „Beweise". So ließ man verbreiten, der Teufel habe an Grandiers Körper Male zurückgelassen, an denen er völlig unempfindlich sei.

„Man zog ihn ganz aus, verband ihm die Augen und schor ihm alle Haare ab. Der Wundarzt Manouri, dem die Besichtigung aufgetragen war, hatte ein Sucheisen, das an dem einen Ende rund, an dem andern spitzig war. Wo er nun zeigen wollte, dass Grandier unempfindlich und undurchdringlich sei, da brauchte er das runde Teil seines Sucheisens. Je mehr er damit drückte, desto weniger drang das Eisen ein. Sollte hingegen ein Ort empfindlich sein, so drehte er das Sucheisen um und stach mit dem spitzigen Teil durch das Fleisch bis auf die Knochen. Das unglückliche Opfer dieser unmenschlichen Behandlung brach alsdann in ein lautes Geschrei aus, und der Wundarzt machte hieraus den weisen Schluss, er sei an diesem Ort empfindlich. Das Jammergeschrei des misshandelten Gefangenen zog eine Menge Menschen von der Straße herbei und erregte allgemeines Mitleiden ... Diese ganze Untersuchung ist überhaupt schon dadurch merkwürdig, dass man suchte, ohne eigentlich zu wissen, was gesucht werden sollte. Anstatt den Teufel, der es doch am besten wissen musste, angeben zu lassen, an welchen Stellen er Grandiers Körper mit Unempfindlichkeit gezeichnet habe, und nachher zu untersuchen, ob diese Stellen unempfindlich seien, anstatt dieser ganz einfachen Methode, schlug man diesen grausamen Umweg ein, der doch zu keinem rechten Ziel führte. Oder wollte man vielleicht den Teufel selbst erst unterrichten, welche Stellen er angeben sollte."

Selbst als ein angesehener Arzt, ein schottischer Edelmann, wie Pitaval überliefert, die „Bezauberung der Ursulinerinnen" mit höchst simplen Methoden als Schwindelei enthüllte, ließ man von der Verfolgung des Grandier nicht ab. Schließlich wurde er auf entsetzliche Weise noch auf dem Scheiterhaufen gefoltert und starb einen qualvollen Tod.

Er ward das Opfer grausamer Rachsucht und falschen Zeugnisses, aber man lebte fast noch im Mittelalter. An diesen Fall des vom alten Pitaval beschriebenen Intrigenmordes in der Gegenwart zu erinnern, hat seinen Grund. In Neufünfland entschieden falsch Zeugnis oder auch Rachsucht das Schicksal manches Menschen, auch wenn er nicht in den Flammen eines Scheiterhaufens starb. Es geschah bei der Verfolgung politisch Andersdenkender. In solchen Verdacht geriet jeder, der – aus welchen Gründen auch immer – über das Ende der DDR hinaus Anhänger des in diesem Land geltenden politischen Systems geblieben war.

Natürlich haben sich die Zeiten nicht nur insofern geändert, dass keine Scheiterhaufen aufgetürmt und in Brand gesetzt werden, man bediente sich auch keines Sucheisens mit rundem und spitzigem Ende, sondern hantierte vornehmlich mit Akten, die bei geschickter Nutzung, einschließlich Missbrauch, zu Strafen führten, die mehr als Seelenschmerzen verursachten und der körperlichen Pein Grandiers sicher oft nicht nachstanden. So mancher auf diese Weise Gequälter setzte seinem Leben selbst ein Ende. Die lange Liste derjenigen, die sich aus Fenstern stürzten oder zum Strick griffen, wird wohl erst in Jahrzehnten „aufgearbeitet“ sein, und auf der Liste der Toten wird man dann viele finden, die so unschuldig waren wie weiland Grandier.

Als ich diese Worte niederschrieb, kam mir ein guter Freund in den Sinn, der in seiner Not den Freitod gewählt hatte: Gerhard Riege. Der Jenaer Völkerrechtler war eine internationale Kapazität und ein Genosse, den nichts dazu hätte bringen können, seine Sache zu verraten.

Zu seinem 60. Geburtstag, am 23. Mai 1990, hatte die Universität – akademischer Tradition folgend – ein Buch über ihn herausbringen wollen. Wie zu hören war, hatten viele daran mitgewirkt. Es erschien nicht: Riege war den neuen Männern der Universität politisch suspekt, und sie nahmen es auf sich, eine akademische Tradition zu ignorieren.

Die Gründe, die mich bewogen, in wenigen Nächten etwas zu Papier zu bringen und ein Taschenbuch herauszugeben, waren zahlreich. Einer war, dass der Schock, den sein tragisches Ende ausgelöst hatte, nicht von der gefühllosen Hysterie jener „eingeebnet“ werden sollte.

Ein anderes Motiv war, an seinem Grab Mahnung und Nachdenklichkeit darüber zu verbreiten, dass wir – Mitstreiter, Freunde und Genossen – zu lernen hatten, uns nicht auf durch Oberflächlichkeiten entzweien zu lassen. Die Suche nach den Ursachen einer Niederlage fordert Vertrauen! Schon deshalb, weil klägliches Misstrauen zu diesen Ursachen gezählt hatte!

Und schließlich griff ich zur Feder, um meinen Zorn zu artikulieren über den „Rachefeldzug der Gerechten“, an deren exponiertester Position damals Joachim Gauck – nominell Beauftragter der Bundesregierung – verkündet hatte: „Wenn wir heute Leute aus Positionen entfernen, weil wegen ihrer MfS-Vergangenheit kein Vertrauensverhältnis möglich ist, ist das eine Fortsetzung von Befreiungsprozessen, zu denen wir während der Revolution keine Zeit hatten." Fatale Worte eines Mannes der Kirche, Gott verpflichtet, Nächstenliebe und Versöhnung zu predigen und zu leben.

Es sei denn, er wähnte sich als geistiger Erbe der Großinquisitoren aus deren dunkelster Zeit.

Riege hatte seiner Frau und den Gefährten einen Abschiedsbrief geschrieben und darin bekannt: „Mir fehlt Kraft zum Kämpfen und zum Leben. Sie ist mir in der neuen Freiheit gebrochen worden. Ich habe Angst vor der Öffentlichkeit, wie sie von Medien geschaffen wird und gegen die ich mich nicht wehren kann. Ich habe Angst vor dem Hass, der mir im Bundestag entgegenschlägt aus Mündern und Augen und Haltungen von Leuten, die vielleicht nicht einmal ahnen, wie unmoralisch und erbarmungslos das System ist, dem sie sich verschrieben haben. Sie werden den Sieg über uns voll auskosten. Nur die vollständige Vernichtung ihres Gegners gestattet es ihnen, die Geschichte umzuschreiben und von allen braunen und schwarzen Flecken zu reinigen. Solange es die PdS gibt, wird es auch den Stachel geben, der die Erinnerung an einen Versuch der Alternative und an die eigene Vergangenheit seit dem 2. Weltkrieg wach hält."

Ich hatte mir beim Lesen dieser Zeilen immer wieder die Frage gestellt, ob ich ihn vielleicht an seinem so endgültigen Schritt hätte hindern können, wenn ich ihn – mutmaßend, was in ihm vorging – am frühen Morgen des 15. Februar angerufen hätte.

Er hatte eben das Haus verlassen – seine ahnungslose Frau zurücklassend –, als der Vorsitzende einer PDS-Basisgruppe aus Greiz anrief: „Wir hatten Versammlung, und ich bekam den Auftrag, Gerhard zu sagen, dass wir wie ein Mann hinter ihm stehen!" Helga Riege versprach, die Mitteilung gleich nach seiner Rückkehr auszurichten, aber er kehrte nie zurück!

72 Stunden nach dem Tod Gerhard Rieges befragten Medien-Profis einen der Männer, mit denen der Verfassungsrechtler im Bonner Parlament gesessen hatte. Er lieferte den tragischen Beweis für Gerhard Rieges These von der „Öffentlichkeit, wie sie von Medien geschaffen wird und gegen die ich mich nicht wehren kann". Das war der Befragte: Wolfgang Hermann Dr. Freiherr von Stetten, Professor für Handels- und Wirtschaftsrecht. geboren 1941 in Niederwartha bei Meißen, verheiratet, drei Kinder. Adresse: Schloss Stetten Nr. 1. Des Freiherrn Kommentar: „Ich möchte niemanden in den Tod treiben, nur möchte ich auch nicht, dass jemand, der andere Leute auf die übelste Weise hintergangen und bespitzelt hat, im Bundestag sitzt und noch Reden darüber hält."
Was wusste der Freiherr von Stetten über Gerhard Rieges „Stasi-Tätigkeit"? Nichts!
Er wusste zum Beispiel nicht – und wenn er es gewusst hätte, hätte er es vielleicht sogar gebilligt –, dass nur Kilometer von Gerhard Rieges Geburtshaus entfernt am 21. Februar 1951 der Volkspolizeiwachtmeister Herbert Liebs bei einem Streifengang mit einer MPi-Garbe erschossen wurde. Sein Genosse wollte Hilfe holen, um den Schwerverletzten zu retten. Als er wiederkam, versuchte man gerade den schon Leblosen über die Grenze aus dem Thüringischen ins Hessische zu zerren, vom Boden der DDR auf den der BRD. Es sollte so aussehen, als hätte Liebs die Grenze überschritten ...
Neun Tage später wurden unweit der Mordstätte die Wachtmeister Werner Schmidt und Heinz Janello ermordet. Ihre Leichen schleppte man auf westdeutsches Gebiet. Am 3. März übergaben Soldaten der US-Armee die Leichen und teilten lakonisch mit, die beiden seien bei einem Feuergefecht auf westdeutschem Boden umgekommen.
Die offizielle Untersuchung ergab:

1. Aus keiner ihrer Waffen war auch nur ein Schuss abgegeben worden. Die Munition war vollzählig.
2. Die Obduktion des Wachtmeisters Schmidt wies nach, dass er zunächst mit einem stumpfen Gegenstand niedergeschlagen und dann durch einen Schuss in die Brust aus kürzester Entfernung getötet worden war.
3. Die Obduktion Heinz Janellos ergab, dass er durch zwei Schüsse in den Rücken getötet worden war.

1954 soll jemand vom MfS Riege gefragt haben, ob er Informationen liefern würde. Er tat es bis 1960.

Am 26. Februar 1990 hatte man ihn zum Rektor der Universität Jena gewählt. Politische Gegner erzwangen eine neue Wahl – beispiellos in der Geschichte.

Er wurde in den Bundestag gewählt. Als seine Tätigkeit für das MfS publik wurde, liefen Abgeordnete anderer Parteien Amok, wenn er das Wort ergriff. Eine einzige Erklärung des jeder Sympathie für die DDR unverdächtigen Bundestagspräsidenten Klein (CSU) illustriert die Situation hinreichend: „Bitte, meine Damen und Herren, lassen Sie den Redner ausreden. Ein paar Zwischenrufe sind in Ordnung. Aber Zwischenrufe in einer Häufung, dass er nicht weiterreden kann, sind nicht in Ordnung." Niemand scherte sich darum.

Als in der eigenen Fraktion über die Tätigkeit für das MfS diskutiert wurde, fielen auch unbedachte Worte, die bei Riege Zweifel an der Haltung seiner Genossen aufkommen lassen musste.

In Gerhard Rieges Abschiedsbrief las man den Satz: „Ich schäme mich nicht meines Lebens, nicht für das, was ich in der Gesellschaft gewollt und getan habe. Richtiges und Fehlerhaftes, Konsequenz und Inkonsequenz lagen dicht beeinander." Ein Satz, der selbst den peinlichsten Attacken standhält!

Gauck war es, der der Volkskammerpräsidentin Bergmann-Pohl ursprünglich eine „Stasi"-Liste von Volkskammer-Abgeordneten ausgehändigt hatte, auf der sich der Name Riege nicht fand. Nachträglich lieferte er „Riege-Details" und pflasterte damit den Weg zu seinem Grab.

Es wäre für Riege und für jeden anderen belanglos gewesen, wenn sich eines Tages herausgestellt hätte, dass der „Großinquisitor" Kontakt zum MfS gehabt hätte, aber als sich dann in einer Rostocker Schublade die Akte fand, hatte nicht nur ich Probleme mit Gedanken an Gerhard Riege ...

Der Fernsehsender ZDF – so meldete die Bonner „Welt" am 23. April 1991 – verbreite, „Gauck habe die vom MfS über ihn angelegten Akten mehrfach und über längere Zeit ohne Beisein anderer Personen eingesehen".

Eine dieser Akten wurde sogar publiziert, wurde aber bald wieder ins Vergessen gedrängt. Ein moderner Pitaval kann jedoch ohne dieses Protokoll nicht auskommen, denn es offenbart, dass die „Aktenverfolgung" bis ans Ende des ersten Jahrzehnts des neuen Jahrtausends an die Methoden der Grandier-Gegner erinnert.

Bewusstes Dokument war eine von MfS-Seite getätigte Niederschrift eines Gesprächs, das am 28. Juli 1988 zwischen dem MfS-Hauptmann Terpe und Gauck – Deckname „Larve" – in Rostock geführt worden war.

Das sind die entscheidenden Passagen des Dokuments, das 1991 in der „Welt" „aus Gründen der Authentizität mit allen Schreibfehlern" publiziert worden war.

Die vom Autor eingefügten Zwischenfragen wären mit einiger Sicherheit vor jedem Gericht, das den Sachverhalt zu klären gehabt hätte, gestellt worden.

„Am 28.07.1988 wurde mit Joachim GAUCK, Pastor der evangl.-luth. Landeskirche eine Aussprache durch Gen. Hptm. Terpe durchgeführt. Diese Aussprache war am Abend vorher telefonisch mit Gauck vereinbart worden. Gauck empfing den Mitarbeiter an seiner Wohnungstür und geleitete ihn in sein Arbeitszimmer und bat ihn Platz zu nehmen. Im ersten Teil des Gesprächs wurde durch den Mitarbeiter bezug genommen auf seine am Vortage, während der Terminvereinbarung am Telefon gezeigte ablehnende Haltung zur Wahrnehmung eines Gesprächs mit einem Mitarbeiter des MfS. Gauck begründete dies, dass er persönlich eigene Erfahrungen gemacht hat mit Mitarbeitern des MfS, dass er die Methoden des MfS ablehnt, da eine Vielzahl von Personen aus seiner Gemeinde in den vergangenen Jahren ihm gegenüber offenbart haben, dass sie durch das MfS kontaktiert worden waren. Er persönlich findet es mehr nachteilig für den Ruf des MfS, dass Menschen durch die Kontaktierung durch das MfS seelisch belastet sind, gezwungen werden sollen, zu anderen Personen Aussagen zu treffen, Spitzeldienste und Zuträgerdienste zu leisten und letzten Endes in Zwiespalt gegenüber ihrer persönlichen Auffassung geraten. Ihn selbst belastet dieser Zustand erheblich und er nutzt jede Gelegenheit, um diese Haltung auch öffentlich kund zu tun; dies brachte er auch in der Form dem Mitarbeiter gegenüber zum Ausdruck. Durch den Mitarbeiter wurde G. erklärt, dass das MfS einen durch die Partei erteilten Auftrag hat und diesen Auftrag auch konsequent durchführen wird, um einen grundlegenden Beitrag zur weiteren Entwicklung des Sozialismus zu leisten. Dies wurde durch Gauck so zur Kenntnis genommen."

Sie kamen nicht auf die Idee, das Gespräch an dieser Stelle abzubrechen und den MfS-Hauptmann aufzufordern, Ihre Wohnung zu verlassen?

„Gauck entgegnete darauf weiterhin, dass er glaubt, dass das MfS ein Staat im Staate sei und durch niemanden kontrolliert werde. Ihm wurde daraufhin entgegnet, dass das MfS, wie schon gesagt ein Organ der Partei ist und auch der Kontrolle der Partei unterliegt und keine eigenständige Politik im Staate zu machen habe. Gauck wollte vom Mitarbeiter wissen, ob er Vorgesetzter oder Unterstellter eines Herrn Herzog war oder ist, der vor cirka zwei Jahren mit noch einem Genossen bei ihm zu Hause eine Aussprache durchgeführt hat."

Wie würden Sie erklären, dass das Protokoll dieses Gesprächs nirgends aufgefunden wurde?

„G. wurde entgegnet, dass der Mitarbeiter nicht Unterstellter des Herrn Herzog ist. Gauck brachte daraufhin zum Ausdruck, dass er sehr viel Wert darauf lege, jetzt schon von vorneherein zu erklären, dass er nicht gewillt ist, mit nicht kompetenten Mitarbeitern des MfS überhaupt Gespräche zu führen und er sich von vornerein verbieten würde, mit einem kleinen Leutnant des MfS zu sprechen ..."

Muss man daraus schließen, dass Sie darauf bestanden, nur mit höheren Chargen des MfS zu verhandeln?

„Insgesamt war Gauck der Meinung, dass der Kirchentag in Rostock eine gelungene Sache war und schätzt das Ergebnis auch als sehr wichtig ein, weil es inhaltliche Neuerungen gebracht hat, die sich deutlich positiv abheben zu den Kirchentagen in Görlitz, Erfurt und Halle. Als besonders hoch schätzte er den begonnenen und doch auf einem hohen Niveau geführten Dialog mit Wissenschaftlern des Bereiches Marxismus/Leninismus der Universität Rostock und der Universität Greifswald ein. Er schätzte diese Maßnahme als einen echten Beitrag für den Beginn des Dialoges zwischen Marxisten und Christen ein und sieht sehr gute Bedingungen für die Weiterführung des Gesprächs auf einer gemeinsamen Grundlage."

Muss man daraus schließen, dass Sie allen Ernstes den Marxismus/Leninismus ernst nahmen?

„In diesem Zusammenhang bedauerte er es, dass es trotz der positiven Ansätze im Dialog zwischen Christen und

Marxisten nicht gelungen ist, einen kompetenten staatlichen Vertreter in die öffentliche Diskussion einzubeziehen. Er bezog sich hier als Beispiel auf das Auftreten von Prof. Reinhold 1987 auf dem Kirchentag in Frankfurt/Main in der BRD und hatte die Absicht einen ähnlich kompetenten Vertreter aus dem Zentralkomitee oder aus dem Staatssekretariat für Kirchenfragen zum Kirchentag in Rostock einzuladen und auch entsprechend auftreten zu lassen, um so auch die Dialogbereitschaft zwischen Christen, Marxisten, staatlichen Vertretern zu realisieren ..."
Haben wir richtig gehört: Jemand aus dem Zentralkomitee sollte eingeladen werden? In die Kirche? Was würde wohl Papst Benedikt dazu zu sagen haben?
„Weiterhin führte er aus, dass es ihn bedenklich stimme, dass eine steigende Anzahl von jüngeren wie auch etwas älteren Menschen nur in die SED gehen, um Karriere zu machen, ohne eine politische Bindung an die Ziele und Aufgaben der Sozialistischen Einheitspartei Deutschlands zu haben und letzten Endes durch die Mitgliedschaft in der SED ein größerer politischer Schaden zugeführt wird als wie die Wahrnehmung der damit verbundenen Funktion erkennen läßt ..."
Wüsste die Kirche verlässlichen Rat, wie man sich vor Karrieristen bewahrt?
„Als Grundübel bei der Problematik der Übersiedlungsersuchenden nannte er die unausreichende Ursachenforschung und Beseitigung durch die Gesellschaft. Er betrachte es als skandalös, dass vor allem auch in der Presse zu diesem Problem in keiner Weise Stellung genommen wird, obwohl dieses Problem DDR-weit existiert und deren Stellenwert in den letzten Jahren ständig gewachsen ist und auch durch die verstärkten Übersiedlungen 1984 und 1985 sei kein Absinken der Tendenz der Übersiedlungsersuchenden entstanden, sondern die Zahl der

Übersiedlungsersuchenden hat ständig zugenommen und das ist für ihn ein Zeichen dafür, dass es noch ein großes Reservar von Menschen gibt, die keine Bindung mehr an die DDR haben ...

Gauck äußerte, dass er selbst in seiner Gemeinde dahingehend wirksam werden will, dass er die ihm dort bekannten Übersiedlungsersuchenden durch Gespräche, mehrmalige Gespräche beeinflussen will, damit sie in der DDR bleiben."

Darf ich meinen Vorgesetzten tatsächlich melden, dass Sie sich intensiv um Republikunwillige bemühen würden, um sie von ihrer Absicht, die DDR zu verlassen, abzubringen?

„Hierzu wurde Gauck vom Mitarbeiter gesagt, dass diese Aktivitäten von ihm einen sehr positiven Beitrag innerhalb der Arbeit mit Übersiedlungsersuchenden darstellen und wenn dann damit erreicht wird, dass ein Teil der Übersiedlungsersuchenden ihren Antrag zurückziehen, so sei damit viel erreicht. Weiterhin wurde in diesem Zusammenhang Gauck gedankt für seine Initiativen für seine langfristige gute Zusammenarbeit und Durchführung des Kirchentages, ihm wurde auch gedankt für seinen hohen persönlichen Einsatz und dieser Dank wurde vom Mitarbeiter nicht nur aus persönlichen Gründen vorgebracht sondern ihm wurde auch deutlich zu verstehen gegeben, dass dieser Dank seitens des MfS an Gauck ergeht ..."

Und Sie haben sich derlei Dank nicht verbeten? Was, wenn bekannt wird, dass – wenn auch auf Umwegen – Mielke sich bei Gauck bedankt habe?

„Gauck erklärte zu dem Ergebnis des Kirchentages, dass er einschätzt, dass der Kirchentag insgesamt störungsfrei verlaufen ist, und dass es eine ganze Reihe von wichtigen Erkenntnissen gegeben hat, die vor allen Dingen geeignet sind eine weitere qualifizierte ideologische Positionsbe-

stimmung der Kirche zu erlauben, die letzten Endes auch dazu geeignet sind, die Möglichkeiten und auch die Grenzen der weiteren kirchlichen Arbeit zu definieren und die auch eine Vielzahl von Betätigungsfeldern für den weiteren Dialog zwischen Staat und Kirche darstellen. Er nannte hier insbesondere Fragen der Ökologie, wobei er selbst die Ökologie als eine ernstzunehmende Wissenschaft bezeichnete und bedauerte, dass das ökologische Denken bei den Bürgern noch zu unterentwickelt ist und es höchste Zeit wird, auch durch einen eigenen Beitrag die Probleme, die sich aus der Vernachlässigung der Forderungen aus der Ökologie ergeben schnellstens zu lösen.
Durch den Mitarbeiter wurde Gauck gesagt, dass es hier auch Möglichkeiten gibt für Personen innerhalb der Kirche einen konkreten Beitrag zu leisten, ihm wurde zum Beispiel gesagt, dass der Stadtrat für Umweltschutz und Wasserwirtschaft, Peter Struck, ständig eine Vielzahl von Arbeitskräften auf freiwilliger Basis sucht, die beispielsweise Dünenbepflanzungen durchführen und die auch in kleinerem Rahmen Forstarbeiten durchführen."
Das könnte Ihnen jederzeit und von jedem als Zusammenarbeit mit dem MfS ausgelegt werden. Das würde üble Folgen haben können. Hatten Sie das übersehen?
„Gauck entgegnete hierauf, dass es für ihn ein leichtes sei, bei Bedarf, in Koordinierung mit dem Rat der Stadt, solch einen Einsatz in Zusammenhang mit dem Rat der Stadt zu organisieren, um hier die nötigen Arbeitskräfte bereitzustellen.
Als einen negativen Fakt vor und während des Kirchentages nannte Gauck die seiner Meinung nach administrative Art und Weise des Eingreifens staatlicher Organe in das termingerechte Erscheinen einiger Kirchenzeitungen. Hierbei bezog er sich nicht nur auf die Mecklenburgische Kirchenzeitung sondern nannte auch Kirchenzeitungen anderer Landeskirchen wie Thüringen, Sachsen und Gör-

litz. Er bezeichnete diese Maßnahmen des Presseamtes innerhalb des Staatssekretariats für Kirchenfragen als Willkürakt, als nicht zeitgemäß und erklärte, dass durch solch eine Maßnahme politischer Schaden angerichtet wird, nicht nur bei Christen, der im Prinzip garnicht wieder gut zu machen ist und er sagte, dass diejenigen, die dafür verantwortlich sind, sich in den Augen der betreffenden Bürger nur lächerlich gemacht haben.
Durch Gauck wurde abschließend eingeschätzt, dass ihn der Besuch eines Mitarbeiters des MfS im Ergebnis dieses Gesprächs angenehm überrascht habe, dass der Inhalt dieses Gesprächs ihn dazu veranlassen wird, seine Haltung zum MfS zu überdenken, obwohl er durch die/den verbalen Dialog mit dem Mitarbeiter des MfS noch nicht in seine Auffassung zum MfS endgültig überholt hat. Er glaubt aber auch, dass das MfS einen echten positiven Beitrag zur Entwicklung der sozialistischen Gesellschaft einbringen wird. In diesem Zusammenhang nannte er auch die große Verantwortung des MfS gegenüber dem Volk und bezog sich dabei auf die Stalin-Ära, wo es zu erheblichen Übergriffen der damaligen Sicherheitsorgane gegenüber dem Volk gekommen ist und er warnte davor, solche Übergriffe wieder bei uns an die Tagesordnung kommen zu lassen, da irgendwann jeder durch das Volk zur Rechenschaft zur Verantwortung gezogen wird und vor dem Volk Rechenschaft ablegen muss, wie er die ihm übertragene Verantwortung im Interesse des Volkes wahrgenommen hat."
Noch bitte diese Frage: Sollten Sie tatsächlich gesagt haben, dass Sie ihr Verhältnis zum MfS überdenken wollen? Könnten Sie uns erläutern, was es da zu überdenken gab?
„Diese Ausführungen von Gauck wurden nicht in ablehnender Haltung geführt, sondern dienten nur zur Erläuterung seines im Ergebnis des Gespräches entstandenen

Eindrucks über die Arbeit des MfS wie auch über die Person des Mitarbeiters, der mit ihm das Gespräch geführt habe.
Gauck führte wiederholt aus, dass ihm das Gespräch viel gegeben hat, dass es aber für ihn und auch für das MfS wie für alle anderen, die im Staate Verantwortung tragen, darauf ankommt, zur generellen Bewältigung der Probleme, die in der gesellschaftlichen Entwicklung für ihn erkennbar sind, dringend notwendig ist, die Attraktiviät des Sozialismus entscheidend zu steigern, dass wie schon eingangs gesagt, die Bürger ein echtes Heimatgefühl entwickeln, sie in den Massenmedien wahrheitsgemäß Informationen erhalten, dass die Presse ein Spiegelbild ihrer sozialistischen Problematik darstellt und dass jegliche Schönfärberei der Vergangenheit angehört."
Pardon! Sie wollten die Attraktivität des Sozialismus steigern?
„Gauck wurde durch den Mitarbeiter erklärt, dass der von ihm beantragten Einreise seiner in die BRD übergesiedelten Kinder durch die zuständigen staatlichen Organe zugestimmt wird und dass der Einreise seiner Kinder nichts mehr im Wege steht.
Gauck zeigte sich bei dieser Äußerung des Mitarbeiters sehr bewegt und erklärte, dass er seit Jahren an der Übersiedlung seiner Kinder merklich zu leiden habe, dass ihn das stark belaste und letzten Endes auch er versagt hat und nicht alles dafür getan hat, dass seine Kinder in der DDR blieben. Auf der anderen Seite machte er andere Personen, wobei er die Namen nicht nannte, für die Übersiedlung seiner Kinder verantwortlich."
Sie haben dem MfS gegenüber tatsächlich Schuld eingeräumt, weil ihre Kinder die DDR verlassen hatten?
„Durch den Mitarbeiter wurde Gauck gebeten, ob bei ihm die Bereitschaft vorliegt, bei Notwendigkeit ein weiteres Gespräch zu vereinbaren.

Gauck antwortete hierauf, dass er nichts dagegen habe, wenn der Mitarbeiter bei einem konkreten Anlass zu ihm den Kontakt aufnehme, dass er aber zu einem ständigen regelmäßigen Kontakt nicht bereit ist, da es seiner Grundauffassung widerspreche und es zu viele Dinge gibt, die zwischen uns stehen."
Das könnte Ihnen – wenn es publik werden sollte – Ärger eintragen. Sie hätten sich angeboten, Gespräche mit dem MfS zu führen? Es würde nicht einmal nützen, wenn Sie den Wahrheitsgehalt dieses Dokuments in Frage stellen würden, denn bislang war noch jedes Dokument aus der von ihnen eingerichteten Behörde als „Wahrheit, nichts als die reine Wahrheit" eingestuft worden. Was nun?
„Gauck informierte weiterhin, dass er im Ergebnis dieses Gespräches eine Information an den Landesbischof geben wird und fragte den Mitarbeiter, ob er dagegen Einwände habe. Durch den Mitarbeiter wurde Gauck gesagt, dass es seitens seiner Person keine Einwände gibt. Danach wurde das Gespräch beendet. Gauck brachte den Mitarbeiter bis zum Hausausgang und verabschiedete sich von ihm nochmals.
In diesem Zusammenhang fragte Gauck den Mitarbeiter, ob er seinerseits etwas dagegen hätte, wenn er ihn, wenn er ein Problem hätte, anrufen könnte und mit ihm ein Gespräch vereinbaren kann/könnte.
Der Mitarbeiter sagte Gauck, dass die Telefonnummer ja im Telefonbuch steht und da der Mitarbeiter sich namentlich gegenüber Gauck vorgestellt hat, er nur diesen Namen zu nennen brauchte, und er dann mit ihm verbunden wird ...
Im Ergebnis des heutigen Gespräches ist einzuschätzen, dass die bisherigen Wertungen zur Person Gauck einer Präzisierung bedürfen. Es wird vorgeschlagen, den OV „Larve" zu archivieren und einen IM-Vorlauf anzulegen. Weiterhin erscheint es sinnvoll, den Kontakt zu Gauck

langfristig aufrechtzuerhalten und zumindest 1988 ein weiteres Kontaktgespräch durchzuführen."

(Noch einmal sei erwähnt: Die Schreibfehler in diesem Dokument wurden so aus der Bonner „Welt" übernommen, die das Dokument am 23. April 1991 mit der Zeile überschrieben hatte: „Akte zeigt Gaucks Distanz zur Stasi". Der Leser könnte leicht zu einem anderen Schluss gelangen. Urheberrechtliche Probleme dürften durch unseren Nachdruck kaum entstehen, denn Stasiakten sind im juristischen Sinne eines Urheberrechts kaum „geschützt" und wurden seit der Wende von den Medien weidlich ausgeschlachtet. Oft ohne Rücksicht auf die möglichen verheerenden Folgen, die in diesem Fall auszuschließen sind ...)

Grandier war des Kontakts mit dem Teufel bezichtigt worden, zu Unrecht, wie uns Pitaval überlieferte. Das MfS hat in unserer Zeit die Funktion des „Teufels" übernommen: Wer dort tätig war, taugt nicht mal zum Müllmann, wer je mit einem Abgesandten des Ministeriums Kontakt hatte, muss mit Vorwürfen, Anklagen, zumindest aber wilder Medienhatz rechnen.

Und nun das? Gauck hatte selber Umgang mit dem „Teufel" gepflegt?

Grandier war der Zusammenarbeit mit dem Teufel „überführt" und deshalb auf dem Scheiterhaufen verbrannt worden ...

Gauck kann froh sein, dass viel Zeit seitdem vergangen ist.

Wie hätte sonst der alte Pitaval den Fall des Großinquisitors Gauck heute beurteilen müssen, eines Mannes, dem ganz offiziell der „Dank des Teufels" ausgesprochen worden war. Die Frage wird bis in die Ewigkeit unbeantwortet bleiben!

VOM „PRINZEN" ZUM „MASSENMÖRDER"

Als der legendäre Berliner Malik-Verlag 1928 die Erinnerungen eines gewissen Harry Domela herausgab, las man im Vorwort: „Selten hat die Welt so gelacht wie im Dezember 1926, als bekannt wurde: Irgendein junger Mann hat wochenlang Adlige, Bürger, Militärs und Behörden zu seinen devoten Untertanen gemacht, indem er sich als ältester Sohn des ehemaligen Kronprinzen ausgab. Es kommt ja öfters vor, dass Unbefugte sich Titel und Würden zulegen, um sich's besser gehen zu lassen. Aber gleich den Anwärter auf den in Reserve gestellten deutschen Kaiserthron zu spielen, wochenlang vor aller Welt den Hohenzollern mimen – das war denn doch noch nicht dagewesen ..."

Begonnen hatte es so: „Die Straße war Domelas Heimat. Er friert und hungert, denn besondere kriminelle Talente hat er nicht. Aus bürgerlicher Familie stammend, legt er sich irgendwelche adlige Namen zu, – und sofort öffnen sich ihm die Türen zur Welt der Privilegierten, die dem einfachen Harry Domela ewig verschlossen geblieben wären. ... Man hat Domela mit dem Hauptmann von Köpenick verglichen, vergaß dabei aber eins: der Schuster Voigt wusste genau, was er wollte, er hatte sich einen psychologisch genialen Trick ausgedacht, um zu Gelde zu kommen. Domela dagegen wusste bestenfalls, was er nicht wollte. Er wollte nicht Kuli sein, ohne jede Aussicht auf ein Höherkommen. Er gewann."

Das Buch „Der falsche Prinz" wurde ein Bestseller. Halb Europa schlug sich auf die Schenkel!

Domela ließ sich nicht mit dem Hauptmann von Köpenick vergleichen, über den man noch heute weltweit lacht, wenn Zuckmeyers Theaterstück, der die Köpenickiade als Posse auf die Bühne brachte, auf den Spielplänen steht.

Beide aber wären nicht zu vergleichen mit Jürgen G., obwohl der beide übertraf. In einem Kostüm ein Rathaus zu besetzen und den Bürgermeister strammstehen zu lassen, ist eins, die oberen Herren eines ganzen Landes durch einen erfundenen Adelstitel an der Nase herumzuführen, ist eine der Zeit angepasste Variante des Schuster-Tricks, aber Jürgen G. stieg über alle vorstellbaren Schranken guten Geschmacks und spielte den Massenmörder.
Auch er hatte die Zeichen der Zeit bedacht und hoffte, letztlich wie der Hauptmann und der Prinz zu Reichtum zu gelangen.
In der Nach-DDR-Ära kam verständlicherweise nur eine „Stasi-Story“ in Frage!
Hatte der Hauptmann die Uniform-Demut seiner Zeit und der Prinz den Adels-Respekt benutzt, so bediente sich der Massenmörder der beispiellosen Medien-Ergebenheit gegenüber dem Antikommunismus.
Die unglaubliche Geschichte sollten die „Flaggschiffe“ der deutschen Meinungsmacherflotte am besten selbst präsentieren!
Am 29. September 2003 erschien das Magazin „Focus“ mit einer Titelgeschichte, die auf dem Umschlag mit der Riesenschlagzeile „Killer für die DDR?“ angekündigt wurde. Der Text zählte 1160 Worte und wird schon wegen der Urheberrechtsregeln von mir nur in Auszügen wiedergegeben: „STAATSVERBRECHEN – Lebensbeichte auf Tonband ... Von FOCUS-Redakteur Josef Hufelschulte – Installateur Jürgen G. liebt die Symbole der untergegangenen Deutschen Demokratischen Republik (DDR). Besonders seinen gelben Trabant, Modell 601 S, hütet er wie ein Schmuckstück. Dies wissen die Fahnder des Bundeskriminalamts (BKA) – um 9.20 Uhr schnappt ihre Trabi-Falle zu. ‚Kommen Sie doch mal raus‘, hört G. eine unbekannte Frau am Telefon, ‚ich hab leider Ihr Auto angefahren!‘

Wutentbrannt, nur ein paar Sekunden später, erscheint der 53-Jährige auf dem Parkplatz, will zu seinem Pkw laufen. In diesem Moment stürzen sich schwer bewaffnete BKA-Beamte auf den verdutzten Mann, reißen seine Arme auf den Rücken, legen Handschellen an, bugsieren ihn auf den Rücksitz eines Polizeiwagens. Abfahrt zum ersten Verhör.
So lief am vergangenen Montagmorgen in einem Jachthafen im nordbrandenburgischen Dorf Kleinzerlang, knapp 100 Kilometer von Berlin entfernt, die lang vorbereitete BKA-Operation gegen Jürgen G. ab, der laut Haftbefehl des Bundesgerichtshofs zwischen 1976 und 1987 ein Serienmörder in staatlichem Auftrag gewesen sein soll. In mindestens 27 Fällen soll G. vermeintliche Verräter, Spione und gefährliche Mitwisser dunkler Geheimdienstaffären getötet haben – stets auf Befehl der DDR-Führung.
Die aktuelle Mordermittlung gegen G. unter dem Aktenzeichen 3 BJS 10/00-4 wirft zugleich ein grelles Schlaglicht auf einen Ex-Staat, der augenblicklich in peinlichen TV-Ostalgieshows als ein leicht autoritäres, doch insgesamt fürsorgliches Kuschelsystem bejubelt wird.
Die Auftraggeber des verhafteten Installateurs, ließ die Bundesanwaltschaft verlauten, werden im ‚Staatsapparat der ehemaligen DDR' vermutet. Damit stünde nicht mehr allein das ohnehin gefürchtete Ministerium für Staatssicherheit (MfS) am zeitgeschichtlichen Pranger, sondern vielmehr die engste Genossenschar um Erich Honecker, Egon Krenz & Co.
Erstmals würde belegt, dass die DDR-Regierung, die an ihrer Staatsgrenze Flüchtende von Scharfschützen abknallen ließ, zusätzlich ein geheimdienstlich geschultes Team von Profikillern beschäftigte. Nach FOCUS-Recherchen prüft das BKA derzeit Hinweise auf vier weitere Männer, die zusammen mit G. eine Todesschwadron gebildet haben sollen.

Die Indizien gegen Jürgen G., der zuletzt sein Geld als Hausmeister einer Bootsstation verdiente, müssen erdrückend gewesen sein. Ansonsten hätte der Ermittlungsrichter am Bundesgerichtshof wohl kaum einen Haftbefehl erlassen. ... Seit dem 17. März 2000 stand der durchtrainierte Mitfünfziger unter permanenter Beobachtung der Soko ‚Schimmel', deren interne Codebezeichnung auf diesen Vorfall anspielt: Bei seinem angeblich ersten Auftragsmord im Jahr 1976 war G. nervlich dermaßen angespannt, dass ein paar seiner dunklen Stirnhaare plötzlich ergrauten.
Im Fall Jürgen G. wurde auf richterlichen Beschluss der erste große Lauschangriff dieser Republik praktiziert. Sein Telefon war angezapft, Richtmikrofone begleiteten ihn bei zahlreichen Treffs in Cafés und Hotels. Sein Trabi und sein Opel fuhren stets mit Peilsendern durch die Gegend. Und wenn G., ein ungemein vitaler Typ, eine seiner zahlreichen Freundinnen auf dem Liegesitz beglückte, nahmen heimlich installierte Wanzen sogar das Liebesgeflüster auf.
Die Trumpfkarte der Soko ‚Schimmel' war ein verdeckter Ermittler, also ein BKA-Beamter mit perfekt ausgestatteter Legende. Der Mann, seit Jahren in aller Welt im verdeckten Einsatz, pirschte sich behutsam an Jürgen G. heran. Geschickt gaukelte er seiner ansonsten so misstrauischen Zielperson vor, ein Offizier des amerikanischen Geheimdienstes zu sein. ...
Spezialfahnder durchforsteten zu dieser Zeit DDR-Archive, um das konspirative Netz ihrer Zielperson Jürgen G. zu enttarnen. Mehrere Experten des Militärischen Abschirmdienstes (MAD), die ihre BKA-Kollegen bei den streng geheimen Ermittlungen unterstützten, werteten zum Beispiel im früheren DDR-Verteidigungsministerium in Strausberg bei Berlin knapp 1,5 Millionen Wehrstammkarten der Nationalen Volksarmee (NVA) aus.

Auch hier fanden sich etliche Hinweise auf G.s mutmaßliche Ausbildung zum Profikiller. ...
Die Stationen einer unheimlichen Laufbahn: Nach den Erkenntnissen des BKA wurde Jürgen G., 1950 in Berlin-Lichtenberg geboren, ... Um seine regelmäßige Abberufung zu Sondereinsätzen in Kollegen- und Freundeskreisen zu tarnen, wechselte er siebenmal die Arbeitsstelle. ...
Das BKA verstärkt in diesen Tagen die Suche nach etwaigen Leichen – womöglich ist keine mehr zu finden. Die Ermittler gehen davon aus, dass einige im Westen ermordete Zielpersonen per Container von Hamburg aus in die DDR überführt und dort verbrannt worden sind. ... Bei der Suche nach G.s direkten Vorgesetzten verfolgt das BKA seit längerem nicht allein Hinweise auf den ehemaligen DDR-Militärgeheimdienst. Eine heiße Spur führt direkt in die Abteilung Verkehr im früheren Zentralkomitee der Sozialistischen Einheitspartei Deutschlands (SED) – also ganz nah bei Honecker und seinen Genossen. ...
Der mutmaßliche DDR-Killer Jürgen G., schwer beeindruckt von dem BKA-Blitzeinsatz, hockte vergangenen Freitag schweigend in der Zelle."
Diesem „Tatsachenbericht" folgten in weiteren „Focus"-Ausgaben weitere grauenerregende Details: Am 13. Oktober 2003 „Überläufer in Bayern liquidiert?", am 15. Dezember 2003 „Treffer im Archiv".
Am 8. Dezember 2003 überraschte „Der Spiegel" die Öffentlichkeit mit der verblüffenden Mitteilung, dass ein „Focus"-Bediensteter die Massenmörder-Story erfunden hatte, und sparte nicht mit Häme: „Die letzte Betriebs-Weihnacht des inoffiziellen CIA-Mitarbeiters ‚Frank Schumann' ... begab sich unweit des Sanitär-Traktes der zugigen Autobahnraststätte ‚Linumer Bruch' bei Neuruppin und dauerte keine 30 Minuten.

Als Gastgeber fungierte an jenem Vormittag im Dezember 2002 ein mittelalter Herr ohne Namen ... das Drehbuch für die Agenten-Weihnacht hatte nicht die CIA, sondern das Bundeskriminalamt (BKA), Außenstelle Meckenheim, verfasst. Im festen Glauben, einem ultrageheimen Auftragskiller der früheren DDR auf der Spur zu sein, hatten sich die deutschen Ermittler als amerikanische Agenten getarnt.

Inzwischen aber deutet immer mehr darauf hin, dass ‚Frank Schumann' alias Jürgen G., 53, nie ein ‚Mann für nasse Sachen', sprich ein Profimörder der DDR, war, sondern nur ein klammer Gas-Wasser-Installateur aus dem brandenburgischen Rheinsberg ...

Das Ganze könnte als launige Schlapphut-Posse durchgehen, säße G. nicht seit dem 22. September wegen Mordverdachts in Einzelhaft. Von 25 Fällen war mal die Rede. Aber in dem nunmehr knapp drei Jahre währenden Ermittlungsverfahren konnten die Fahnder bislang weder eine Mordtat nachweisen, geschweige denn eine Leiche präsentieren oder eine Tatwaffe. ... das wäre ihm wohl kaum zum Verhängnis geworden, wäre er nicht im Sommer 1995 an einen Mann mit einem ungewöhnlich breiten Spektrum geraten: an einen ehemaligen Major in Erich Mielkes Staatssicherheit. Der Spezialist für Telefonüberwachung hatte sich nach der Wende gleich mehreren westlichen Geheimdiensten anvertraut und darüber hinaus seine Aufklärer-Fertigkeiten auch dem Münchner Magazin ‚Focus' zur Verfügung gestellt, das dessen Möglichkeiten gern und weidlich nutzte. So widmete das Blatt dem vermeintlichen Serienkiller gleich nach dessen Verhaftung eine Titelgeschichte."

Hier könnte man enden: „Der Spiegel" hatte enthüllt, dass die „Focus"-Story, die die meisten deutschen Medien bewogen hatte, ausgiebige Schilderungen nachzudrucken, letztlich eine Luftnummer gewesen war.

Obendrein vorgeführt von einem ehemaligen MfS-Offizier!

Was ereignet sich in solchen Situationen? Wendet sich ein Blatt wie „Focus“ wenigstens an seine Leser: „Sorry, wir sind einem Lügner aufgesessen!“?

Nichts davon!

„Der Spiegel“ ließ noch wissen: „G.s Anwältin Barbara Petersen hat deshalb Haftbeschwerde eingelegt – und darin schwere Vorwürfe gegen den Mann von ‚Focus‘ erhoben. ... ‚Focus‘-Chefredakteur Helmut Markwort will sich zu den Vorwürfen der Anwältin nicht äußern: Über Quellen, Recherchen oder angebliche Recherchen von ‚Focus‘ werde er nichts sagen.“

Erinnern Sie sich des Mannes? Er tanzt zuweilen auf Ihrem Fernsehschirm und fordert von seinen Mitarbeitern: „Fakten, Fakten, Fakten!“

Und dann: Nichts sagen!

„Der Spiegel“ war nicht so zurückhaltend: Der „Focus“-Fakten-Mann war ein ehemaliger MfS-Offizier, der dem Handwerker bei einem Grillabend begegnet war, sich dort derart aufgespielt hatte, dass der Klempner seinen Ehrgeiz darin sah, ihm noch wildere Geschichten zu erzählen. Daraufhin bot ihm der nach Mielke bei Markwort Tätige an, die „Exklusivrechte an der Geschichte“ abzukaufen.

Was sich dann tat, übertraf die Geschichte des Hauptmanns von Köpenick und des falschen Prinzen um Längen. Der Klempner ließ den bundesdeutschen Geheimdienst nach seiner Mörderpfeife tanzen, und bescherte sich dabei manch fröhlichen und kostspieligen Abend, ganz zu schweigen von den Gagen.

Am 15. März 1999 lud die Bundesanwaltschaft den „Focus“-Mann zu einem diskreten Treffen. Damit begann die Operation, die mit dem vom „Focus“ so exzellent beschriebenen „Trabant-Überfall“ endete. Wer zweifeln sollte, kann im „Spiegel“ lesen: „Am 9. November 2001 bestellt ein verdeckter BKA-Ermittler in der Maske des angekündigten hohen CIA-Repräsentanten den Installateur zum Frankfurter Flughafen. Das heimlich mitgeschnittene Verhör, diesmal im Sheraton-Hotel, hat teilweise loriothaften Charakter: Die Frage nach Spezialübungen beantwortet G. mit einem Bericht über die Wartung von Richtfunkantennen, als Fallschirmspringer habe er nur eine ‚indirekte Ausbildung‘. Und als Qualifikation für ‚nasse Arbeit‘ zählt er ungerührt auf: Pistole, Kalaschnikow, Bootsführerschein. ... In 17 Treffen versucht der angebliche CIA-Offizier, Jürgen G. die Geheimnisse der Todesschwadron zu entlocken. ... Gleichzeitig aber erklärt sich der Klempner bereit, Mordaufträge der CIA anzunehmen. In welchem Land, sei ihm eigentlich egal, er habe da keine Probleme. ... 5.785 Euro vermeintlichen Agentenlohn, Spesen inklusive, investiert der Staat in die Wahrheitsfindung vergebens. Selbst das Versprechen auf den weitaus besser bezahlten Job als Killer – wenn er denn nur endlich auspacke – hilft nicht.“

Dann kam die Verhaftung, später die Freilassung, seitdem wurden die Informationen rar.

Aber Helmut Markwort schrieb seitdem ungerührt weiter seine „Tagebuch“-Blätter. Zum Beispiel in der Ausgabe vom 18. Mai 2009: „Immer häufiger schreibt uns ein Berliner Anwalt Briefe, die uns nicht interessieren und warnt uns vor Veröffentlichungen, an die wir nicht gedacht haben.“

Als ich das las, fiel mir nur noch Beckenbauer ein: „Schaun mer mal!“

Sie werden es mir nachsehen, dass mir Schiller nicht in den Sinn kam ...

ISBN 978-3-360-01811-3

Umschlaggestaltung: www.buchgut.com, unter
Verwendung von Fotos von picture alliance
Druck und Bindung: CPI Moravia Books GmbH

Ein Verlagsverzeichnis schicken wir Ihnen gern:
Das Neue Berlin Verlagsgesellschaft mbH
Neue Grünstr. 18, 10179 Berlin
Tel. 01805/30 99 99
(0,14 Euro/min. aus dem deutschen Festnetz, Mobil abweichend)

Die Bücher der edition ost und des Verlages Das Neue Berlin
erscheinen in der Eulenspiegel Verlagsgruppe.

www.edition-ost.de